HOROSCOPE IS YOUR BEST MENTER

書けば書くほど、
宇宙とつながる！ 願いが叶う！

# 星使いノート

海部 舞
MAI KAIBE

SB Creative

PROLOGUE

## はじめに

### ✦ ホロスコープにはあなたのすべてが描かれている！

　わたしが初めて自分の「ホロスコープ」を見たのは、2014年の4月のことでした。
　ホロスコープとは、自分の生まれた瞬間の星（月や太陽、太陽系の惑星など）の配置を12星座などの区分に合わせて1枚の円形の図にしたものです。

　このときの感動はわたしの原点です。
　この図の中に、わたしのすべてが描かれている……！
　そう感じたとき、震えるほど感動し、世界観が大きく変わりました。

　この頃のわたしは、再婚したばかりで、仕事のやり方を考え直そうとしていました。
　当時は地方の小さな企業に勤めていましたが、「何かもっと、わたしにしかできない仕事があるのではないか。今の仕事は誰にだってできる。わたしは、『これがわたしの役割だ』と思える仕事がしたい」と悩んでいました。
　当時同じ職場に勤めていた現在の夫との再婚が決まり、そのまま夫婦で同じ職場で働くのは少し気まずい状況もありました。また、どんなに仕事を頑張っても、小さい子どもを持つ女性はなかなか社会で成功できない……そんなことを肌で感じていました。
　一方で、毎日フルタイムで働き、夜、子どもを保育園に迎えに行

く毎日で自分は本当にいいのだろうか。せっかく再婚したのだから、もっと家庭にいさせてもらう選択肢もあるのではないだろうかとも思っていました。子どもが小さいうちに一緒にいられるのは、わたしにとって嬉しいことであり、ある意味これこそが「わたしにだからできること」なのではないか……。

　悩む日々が続き、とにかく自分を知りたい！　そんな風に切望していました。

## 月収10万円のシングルマザーから人気占星術師へ

　再婚するまでのおよそ3年半、わたしはシングルマザーでした。離婚した当初は上の子が2歳半。下はまだ生後4か月。
　下の子の妊娠中から夫婦関係が悪化し、元夫は病気で働けなくなっていました。
　下の子を産んで、産後の疲れがピークを越えたとき、「わたしは、わたしの人生を生き直そう。自由になろう」そう決意して、元夫に静かに離婚をお願いしました。

　元夫は仕事をしていませんでしたから、養育費は当然もらえません。実家に戻り、その後、子どもと3人での生活を始めました。
　子どもが2歳と0歳から、5歳と3歳になるまで、ほぼ一人で子育てをしました。当時、子どもを保育園に預け、福祉に頼り、県営住宅に住まわせてもらい、なんとかパートの仕事をするも、月収は

10万円以下。

　子どもの発熱や長期休暇で休みが続くと、もらえるお金が減り、生活はギリギリ。

　大学時代の奨学金の返済もまだ残っていて、キャリアを積んでいく友人と自分を比べては、取り残されたような、みじめな気持ちになっていました。

　現在の夫とは、離婚の翌年に知り合いましたが、出会った当時の彼は大学院を辞めたばかり。社会人としてまだ安定しておらず、結婚できる状況ではありませんでした。

　夫の仕事が安定してから再婚が決まりましたが、再婚が決まった頃から、「わたしにしかできない何か」を求める気持ちがどんどん強まりました。

　そうしてある日、占星術の「ホロスコープ」で自分を知る、自分の人生を創造していく、そんなテーマのセミナーに参加することになったのです。

##  ホロスコープは魂の設計図、人生の羅針盤

　ホロスコープにはわたしの全部が書いてある、と言いましたが、これは大げさではありません。ものすごい情報に触れた！　と思いました。神の、宇宙の設計図のように感じました。

それからわたしは、西洋占星術に夢中になりました。
　仕事を在宅勤務にさせてもらい、自由な時間が増えた中で、占星術を学び始めました。

　ホロスコープを通して自分の魂の設計図を読み解き、自分を知るということが、いかにすごいことか……例えるならば、**人生という旅の地図を手に入れたのと同じ**、とよく言われます。
　一人でやみくもに道を歩くよりも、地図があるほうが目的地にすぐ到着します。そう、ホロスコープにはそれほどのパワーがあるのです。
　むしろ、"地図"という表現だと、そのほんの一部のすごさしか表現できていないと感じるくらいです。一番根本的で、秘密にしておきたいほど奥深い情報が、ホロスコープには隠されています。

### 年商5000万円に⁉　あなたの人生が最高になる！

　占星術に出会ってから、わたしはまったく別人になりました。

・月収10万円以下のパートタイマーだったところから、ブログやセミナーが人気になり、会社を設立。年商は5000万円ほどになりました。
・田舎の自然環境の良いところで暮らしながらも、海外などへの旅行を楽しむなど、時間や場所にとらわれずに生活ができていま

す。
・家族関係がとてもよくなりました。特にパートナーシップに関しては「ステップファミリーの星です」と言われるくらいの仲良しです(笑)。

　年商が5000万円とはいっても、ほとんどがセミナーなどでの収益なので、在庫を抱える必要もなく、かなり高い利益率です。会社も2018年に3期目となりますが、右肩上がりで成長しています。

　地方在住だと集客できない、小さい子どもがいる女性は不利。そんなことは思い込みでしかありません。
　わたしは、自分が活躍することで、シングルマザーの人、女性で自己実現がしたい人、子育てしながら仕事をしたい人などの勇気になればと思っていました。

「そんなこといったって、それはあなただからできたんでしょう?」そんな風に思う人もいるかもしれませんね。
　はい。確かにわたしだからこの方法で成功したし、仕事やお金、家庭といったものの充足がわたしにとっての「道」でした。わたし自身が、ビジネスが好きで、経済的な成果を得ることが楽しいタイプなのです。

　でも、何に幸せを感じるかが一人ひとり違うように、その人としての最高のあり方、最高の人生の形は人それぞれです。そして、そ

れを見つけるのに、占星術はかなり役に立ちます。

### 悩んだら宇宙に相談！
### 　星を使えば、宇宙が最強のメンターになる

　わたしは占星術を「より良く生きるためのツール」、自分を知り、癒し、思い通りの未来を作り上げていくための、最強のツールだと思っています。

　また、ホロスコープを読むことで、直感力や世界を観察する力が上がります。

　わたしたちは、自分の内側の世界と外側の世界、そして、宇宙を観察できるようになったとき、「宇宙意識」というものを獲得します。それは、今まで目の前のことに悩みもがいていた「地球に閉ざされた意識」とはまったく違う、宇宙からこの世界を俯瞰してみるような意識です。

　自分と世界への深い信頼を元に、どう捉え、どう行動するのが最善かを一瞬で理解できるような感覚なのです。

　**そんな宇宙意識を獲得し、この人生を生きていけるようになること。それが、「星を使う」ということです。**

　西洋占星術を学ぶ人は星の数ほどいますが、わたしほど、占星術に出会ってほんの数年でここまで人生を劇的に変えた人はいないと思います。

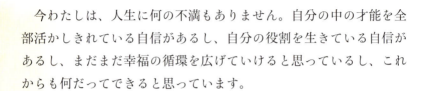

　今わたしは、人生に何の不満もありません。自分の中の才能を全部活かしきれている自信があるし、自分の役割を生きている自信があるし、まだまだ幸福の循環を広げていけると思っているし、これからも何だってできると思っています。

　**この星使いノートの質問に取り組んだら、あなたの人生が大きく変わることをわたしは確信しています。**

　あなたの人間としての根幹を成す情報に触れ、あなた自身を知る。それがどれだけパワフルなことか……！わたしはそれを伝えたくて、たくさんの人に知ってほしくて、ここまで4年半、ずっと活動してきました。

　そして数千人の人生に触れて、多くの人の人生がより良く変わっていく様子を見てきました。

　わたしのように、占星術に魅了されて仕事にしていく人もたくさん育ててきました。そのほかにも、
・離婚も視野に入れるほどだった夫婦関係が劇的に良くなった
・自分のメンターと言える人に出会い、生きる方向性が大きく変わった
・人生の悩みや迷いが激減した
・運命のパートナーと出会えた！
・自分の力を発揮できるようになり、多くの人に喜んでもらえる生き方ができるようになった
・自分を否定してばかりだったけど、このままでいいんだ！と肯

定できた

　……などなど、決して即効性のあるものではありませんが、「意識」が大きく変化することで、人生のあらゆる面で、深くじわじわと多くの方が変わっていったのです。

　このノートはひたすらあなたに問いかけます。わたしたちは日ごろ、様々な思い込みで生きていますが、「なぜ？」と問われることで、意識を新たに構成しなおすことができます。

　人生を変えるためのスタートが、その「とらわれからの解放」です。そして、真のあなたに近づくために自分に問いかけることなのです。

### ✨ 星を使えば、あなたがどんどん輝きだす！

　このノートは、ワークをしながら自然と、あなたが自分の星を使えるようになっていくように考えられています。

　わたしのセミナーでは、自分で自分の星をじっくり読み込んでいただくワーク形式で行っているのですが、この本は、それと同様のワークができるようになっています。
　星を通して自分を一つひとつ紐解いていくのは、まるで暗号を読み解くような神秘さとドキドキ感があって楽しい作業です。

　また、単にホロスコープを読むだけではなく、この本のワークは、ひたすら自分と向き合うような質問を多く用意しています。
　質問に答えながら、ご自分の生まれたときの星、一つひとつと向き合う。ただそれだけのことなのですが、以下のような効果が期待できます。

### ✨ 自分をどんどん理解できる！

　得意なこと、好きなこと、やりたいこと、恵まれていること、克服しなければならないこと……など、ホロスコープにはあなたのほぼすべてが書かれています。意外に感じること、しっくりこないことが時々あるかもしれませんが、「むしろそれをストレートに出せない」ということまで、ホロスコープには書いてあったりします。
　ただその読み方は複雑なので、出てきたこと、書かれていることが「自分の中にも少しはあるかもしれない」という風に考えてみてく

ださい。

　素直に受け入れられなくなっていたり、むしろ苦手だと感じていたり、そんな願いすら忘れてしまっている場合もありますが、何かしらの形でそれは、あなたの内側にあります。

　**むしろそういった「ネガティブな感情」を湧き起こさせるテーマほど、あなたの人生の「新しい扉」を開く鍵になります。**

### ✦ 自分を癒すことができる

　あなたは自分が好きですか？

　もっとこうだったらよかったのに。いつも、こんなところで失敗ばかりする。いいパートナーもいないし、外見も好きではない…そんな風に、コンプレックスや不満を持つ人も多いのではないでしょうか。

　きっと自分の人生に大満足！という人のほうが少ないですよね。

　実は、このような「うまくいかないこと」「苦手なこと」「コンプレックスに感じやすいこと」までホロスコープには現れているのです！

　「なーんだ。自分でそう決めて生まれてきたのか」そんな風にわかったら、あなたのコンプレックスや劣等感はスーッと自然に癒されていきます。

### 思考を切り替えることで、人生がどんどん好転する

例えば、あなたが人より背が低いとします。それを嫌だなと思って、死ぬまでずーっと、自分はチビだと気にして生きていても仕方ないですよね。

ホロスコープはあなたの魂の設定なので、それを読むことで、あなたが苦手に感じるもの、いつも同じようなことで悩んでいる理由、家庭環境やその環境を選んだ理由など、「すべてが設定だった」とはっきりとわかります。

あなたがなぜ、そんなものの感じ方、考え方をするのかが全部現れているわけですから。

そうしたら、その設定した条件を前向きに「あきらめる」ということをしやすくなります。基本的にそれは、「背が低い」みたいな身体的な条件と同じで変えることができないからです。親も変えられないし、生まれた国も変えられない。

だから、**今あるものをうまく使って「どう生きていくか」を考える**。そのほうがずっと大切だと思いませんか？

このワークブックでは、**あなたの「未来」に向けた質問をたくさん投げかけています**。自分を知り、自分を癒したなら、「じゃあこれからどうする？」「何ができる？」そんな風に考えるのです。

そうして考えを切り替えて、フォーカスしなおす。意識を切り替える。すると不思議なことに、物事がどんどん具現化するし、今ま

　で気になっていたことが気にならなくなるし、気が付くと自分をどんどん肯定できるようになる。
　「ホロスコープを読むことで、自分をどんどん好きになっていきます」そんな風に言ってくれる生徒さんはすごく多いんですよ。
　**せっかく今、「自分」として生まれたこの人生、精一杯輝かせてみませんか。**

# CONTENTS

はじめに……2

この本の使い方……18
ホロスコープの算出のしかた……24
ホロスコープの見かた……26
天体と年齢域……29
12サイン（星座）とは……32
12ハウスとは……38

## CHAPTER 1：月 MOON
**本当の自分を知る10の質問**

あなたの基盤、心の安定点……44
まずはあなたの「月」について知りましょう……45
過去を振り返る質問……46
現在を見つめる質問……47
子ども時代を振り返り、癒そう……49
月星座別の解釈……50
月のハウス別解釈……54
月星座を満たす生活をしよう！……56
未来をつくる質問……57
疲れたら月に帰りましょう……58

## CHAPTER 2：水星 MERCURY
**あなたの才能が開花する10の質問**

あなたの思考、コミュニケーション……62
まずはあなたの「水星」について知りましょう……63

過去を振り返る質問……64
現在を見つめる質問……65
学生時代のあなたが身につけたものの考え方は？……67
水星星座別の解釈……68
水星のハウス別解釈……72
水星の力はとてもパワフル！……74
未来をつくる質問……75
今からでも遅くない！ スキルアップのためにできること……76

## CHAPTER 3：金星 VENUS
### あなたの魅力を輝かせる10の質問

美や豊かさ、喜び、好きなことなど、あなたの魅力……80
まずはあなたの「金星」について知りましょう……81
過去を振り返る質問……82
現在を見つめる質問……83
金星であなたの魅力がもっと輝く……84
金星を活かして最高のパートナーを引き寄せる……85
金星星座別の解釈……86
金星のハウス別解釈……90
未来をつくる質問……92
モテる人、恋愛が苦手な人……94

## CHAPTER 4：太陽 SUN
**人生の目標を見つける10の質問**

あなたの命の輝き……98
まずはあなたの「太陽」について知りましょう……99
過去と現在を振り返る質問……100
女性が太陽を生きること……103
太陽星座別の解釈……104
太陽のハウス別解釈……108
太陽の願いは「あきらめない」……110
未来をつくる質問……111
あなたの生命力を輝かせよう…112

## CHAPTER 5：火星 MARS
**行動力を高める10の質問**

火星は使い方が難しい……116
まずはあなたの「火星」について知りましょう……117
過去と現在を振り返る質問……118
お互いが自立したパートナーシップのために……121
火星星座別の解釈　……122
火星のハウス別解釈……126
怒りという原動力……128
未来の自分をつくる質問……130
失敗してもいいから、火星のテーマにチャレンジしよう……131

## CHAPTER 6：木星 JUPITER
**お金と豊かさを広げる7の質問**

豊かさと拡大の星、木星……134

まずはあなたの「木星」について知りましょう……135

過去と現在を振り返る質問……136

木星は知らなきゃ損！……137

木星星座別の解釈……138

木星のハウス別解釈……142

未来をつくる質問……144

## CHAPTER 7：土星 SATURN
### 精神的な成長を促す8の質問

制限は創造するためにある……148

まずはあなたの「土星」について知りましょう……149

土星は人生の最終目的地……150

過去と現在を振り返る質問……152

土星の課題を克服できているかをチェックする……154

土星の星座別解釈……156

土星のハウス別解釈……160

未来をつくる質問……162


おわりに……164

HOW TO USE

## この本の使い方

　この本では、月から順番に、水星、金星、太陽、火星、木星、土星とあなたのホロスコープの天体一つひとつを読んで行います。その際に、いくつか質問に答えていただきます。

1. ホロスコープを作成する

　まずはじめに、あなたのホロスコープを作成していただく必要があります。算出サイトがありますので、そこにパソコンやスマートフォン、iPad などを用いてアクセスし、生年月日、出生時間、出生地などの必要事項を入力してください。

　ホロスコープの作成のしかたについては 25 ページをご覧ください。

2.「過去」と「現在」の質問に答える

　ホロスコープが作成できたら、早速ワークに入っていただきます。

　月から順番に、一つひとつの星ごとにいくつかの質問に答えていただきます。

　最初は、**「過去を振り返る質問」**です。

　星には、それぞれ「年齢域」というものがあります。

　月なら 0 〜 7 歳、水星なら 8 〜 15 歳……というように、成長の段階に合わせて、影響を最も受ける星が変わっていきます。

　その星の影響を受けていた頃のことを思い出すことで、より、自分を深く知ることができます。また、成長段階を追って振り返るこ

とで、自分がどのようなプロセスで成長すると決めているか、性格や考え方、人生のテーマがどんな風に切り替わったかなど、いろんなことに気が付くことができます。

　次に**「現在を見つめる質問」**に答えていただきます。今現在のご自身の心の状態や考えなどを見つめてみましょう。

　天体によってはそれに影響する年代が後になるなどの理由で、「過去」に関する質問ではなく、「過去と現在を振り返る質問」となります。

### 3. 星座とハウスの解釈を読む

　次に、テーマの星ごとに、その星の星座とハウスの解釈の項目を読んでいただきます。

　それらを読んだ気付きを書き出していただきます。

### 4.「未来」の質問に答える

　最後に、それを知って、今後どうしていきたいか、何ができるか、など、**「未来」をより良くするための質問**に答えていただきます。

　とにかく、この本の質問に答えて、星座の解釈を読み、また質問に答える。その繰り返しになります。

　質問はこの本に直接書き込んでも、別のノートに書き込んでもいいでしょう。専用ノートに書き込んでもらったほうが、何度も繰り

返すことができていいかもしれませんね。

## ✴ 答えはあなたの内側にあると信じる

　ここで、質問の答え方について意識していただきたいことがあります。

1．考えすぎずに直観に従って書く
　何が正しくて何が間違っているということはありません。細かいことは気にせず、浮かんだことを書きだしてみてください。

2．あなたの人生の答えは、すべて、あなたの中にある
　わたしたちは、自分のことを他人に決めてほしいとどこかで願ってしまうものです。そのほうが、言い訳ができるし、責任逃れができるから。子どもの頃から、大人に「ああしなさい、こうしなさい」と言われたことに従うのが当たり前だった人ほど、そういう傾向があるでしょう。
　でも、**あなたの人生については、すべて、あなた自身が責任を持って決めること。それが、あなた自身を生きることになります。**
　だから、あなたの人生の答えはすべてあなたの中にある、そして、あなたが決めたことならすべて正しい、そんな風に信じてくださいね。

3、あなたの中の"矛盾"を受け入れよう

月のワークをしたら、「子どもと一緒にいるのが幸せ」と出た。でも、太陽のワークをしたら、「仕事で成功したい」となった。そういうことはよくあります。
　自分らしく生きたいという願望と、他人の役に立ちたいという願望。
　目に見えない世界を大切にしたい、でも、しっかりと地に足をつけていたい。人と深く信頼関係を結びたい、でも、自由でありたい。

　そんな、相容れない願いやテーマを持つことは実はよくあります。

　わたしたちは自分の中に矛盾や葛藤を抱えながら、常に「ベストバランス」を模索し続けます。一つのテーマで突き進む人も中にはいますが、それは稀だと考えていいでしょう。
　**大切なのは、自分の中にある願いはすべて受け入れることです。すべて叶えてあげるのです。**

　子どもといる時間も犠牲にせず、仕事で成功する方法を考えましょう。他人の役にも立ちながら、自分らしさを発揮できるあり方を考えましょう。
　目に見えない世界ともつながりながら、地に足の着いた生き方をしましょう。信頼できる関係性を築きながら、心は自由でもありましょう。

　その方法をあきらめずに見つけていき、それができるようになっ

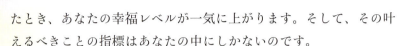

たとき、あなたの幸福レベルが一気に上がります。そして、その叶えるべきことの指標はあなたの中にしかないのです。

そして、矛盾や葛藤は、あなたが人間的に成長するためのキャパシティでしかないのです。

### 声に出す、お友達や家族と取り組むのがオススメ

可能ならぜひ、このノートに書き出したことを声に出してほしいなと思います。もしくは、お友達と一緒にワークをして、「わたしはこうだった。あなたは？」などと、内容をシェアしてみてください。

声に出したり、他の人に伝えるなどして、一度客観視することで、さらに気づきが深まります。

わたしのセミナーでも、いつもこの「シェアタイム」を多めにとっています。

一緒におしゃべりしながらやると、相手がすごくいいアドバイスをくれたり、「これってあなたそのままじゃない！」なんて言ってくれて、自分のことをさらに受け入れられるようになります。

また、他の人も一人ひとりがそれぞれ自分のホロスコープそのままを生きているんだ！とわかると、視野が広がり、他者の価値観に振り回されなくなり、他者を認める心を持つことができるようになっていくのです。それも、理屈ではなく、体感でしっかりと！

## ✦ 家族や身近な人のホロスコープを読んでみよう

　一度ご自身のホロスコープでこのノートの質問やワークをしたら、ぜひパートナーやお子さん、ご家族のホロスコープも見てみましょう。

　これはみんながそう言うのですが、他の人のホロスコープを読むと、すごく「わかる」のです。

　自分のことはなかなか客観視できないけれど、他者のホロスコープは理解ができる、ということがよくあります。

　そして、他の人もその人の価値観で、その人の「宇宙」を生きているのだとわかると、不思議とまたひとつ自由になります。

　他者のそのままを認められるようになるのです。

　自分のこともまた、自分の魂の設定のまま生きているのだと知ると、他者のことも同時に認められるようになります。

　他人のしていることや価値観ってなかなか理解できないものですが、それがただの「設定」でその人の「特徴」なのだとわかる。それって不思議と心が自由になるのですね。

## ホロスコープの算出のしかた

　わたしたちになじみのある12星座占いは、生まれた日付でわかりますが、あなたが生まれたときの魂の設定であるあなた自身の出生チャート（ホロスコープ）には、同じものは2つとありません。
　占いというと、人を何タイプかに分類分けしてそれにあてはめるのが当たり前だと思っていましたから、「あなたの魂の設定と同じものはない。あなたのホロスコープは唯一無二」ということを初めて知ったときはとても感動しました。
　その代わり、算出するのに少しだけ手間がかかります。
　では、ここで実際にあなたのホロスコープを出してみましょう。

①まず、あなたの出生図を算出するために、専用のサイトにPCかスマートフォンでアクセスしてください。
「ホロスコープ　算出」で検索するか、わたしの提供しているサイト（https://hoshinomai.jp/horoscope）にアクセスし、名前　生年月日、出生時間、出生地などの情報を入力してください。

②なるべく母子手帳などを確認して、正確な出生時間を入力してください。出生時間がわからない方はお昼の12時として作成し、大まかにでもわかる方はその時間で入力してください。

③出生地は生まれた場所、産院で生まれた方は産院があった市区町村を入力します。海外在住の方も、生まれた場所を入力してくださいね。

　そうして出てきた図が、あなたの生まれた時のホロスコープ（出生図）です。

HOROSCOPE

## ホロスコープの見かた

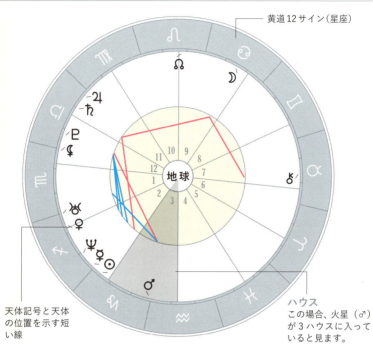

黄道12サイン（星座）

ハウス
この場合、火星（♂）が3ハウスに入っていると見ます。

天体記号と天体の位置を示す短い線

今回は土星までの7つの星だけを使います。

| ☉ | 太陽 | ♑ | 山羊座 | 01° 03′ 07″ |
| ☽ | 月 | ♋ | 蟹　座 | 14° 00′ 25″ |
| ☿ | 水星 | ♐ | 射手座 | 26° 07′ 55″ |
| ♀ | 金星 | ♐ | 射手座 | 05° 34′ 36″ |
| ♂ | 火星 | ♑ | 山羊座 | 23° 35′ 23″ |
| ♃ | 木星 | ♎ | 天秤座 | 08° 42′ 55″ |
| ♄ | 土星 | ♎ | 天秤座 | 09° 08′ 07″ |
| ♅ | 天王星 | ♏ | 蠍　座 | 27° 55′ 35″ |
| ♆ | 海王星 | ♐ | 射手座 | 22° 42′ 34″ |
| ♇ | 冥王星 | ♎ | 天秤座 | 23° 59′ 06″ |
| ☊ | ドラゴンヘッド | ♌ | 獅子座 | 13° 00′ 15″ |
| ⚷ | キロン | ♉ | 牡牛座 | 13° 52′ 54″ |
| ⚸ | リリス | ♎ | 天秤座 | 29° 10′ 45″ |

## ホロスコープ Q&A

### Q 出生時間がわかりません

　出生時間が昼か夜かもまったくわからないという方は、ひとまず昼の12時で作成しましょう。月は2日半で星座を移動するので、月の星座は時間によって変化する場合があります。そのときには、月の星座の項目を読んでみて、より自分に当てはまりそうな星座で見るといいと思います。

　また、出生時間がわからない方は「ハウス」のワークができません。ただ、12星座がわかるだけでもかなり自分のことが理解できますので、気にせずに星座だけを見てみてください。

### Q 海外に住んでいて、出生地と居住地が離れています

　生まれた国と居住地が離れている場合、「ハウス」に違いが出てきます。生まれた国の星の配置は、あなたの深い本質に近くなりますし、居住地のハウス状況は、対外的な部分で強く現れます。例えば、人間関係や仕事に関してだったら、居住地のホロスコープのほうが当てはまるでしょう。

　とはいえ、それぞれの星の星座は出生地でも居住地でも同じになりますので、ハウスだけが変わります。

### Q 帝王切開（計画分娩）なのですが、どう考えればいいですか？

　帝王切開というのは、もともと中国の皇帝が、占星術によって母子の状態に関係なく誕生日を決められていたことを語源とするとも言われています。計画分娩であっても自然分娩であっても、赤ちゃんが生まれ出た瞬間がその人の魂の青写真を決めます。

　また、赤ちゃんが決めたものとは違う青写真になってしまうのでは、と思う方もいるかもしれませんが、そればかりは「わからない」というしかありません。そもそも、赤ちゃんが深いレベルで生まれるタイミングを決めている、という考え方に関して、わたしはそう信じているし、帝王切開だとしても子どもは深いレベルで合意の上生まれているのだと思っています。でも、こればかりは「信じる、信じない」の話になってしまいますね。

### Q 双子なのですが、性別や性格が全然違います

　双子のホロスコープは確かにほぼ同じになりますよね。それなのに、性格も興味があるものも、時には性別も違います。占星術の考えでは、双子は1つのホロスコープを2人で完成させる、とされます。ですから双子の方はホロスコープを見ながら、これはどちらがやっているな、などと感じ取ってみてください。

*HOROSCOPE*

## 天体と年齢域

### ✺ 魂の成長には順番がある

　さて、あなたの出生時のホロスコープは作成できたでしょうか？ そこには太陽、月、そして太陽系の惑星、さらには太陽系の天体ではないものの名称などまで記されています。それにも、きちんと意味はありますが、今回は扱いません。

　**本書はその中でも、個人に影響する、月、水星、金星、太陽、火星、木星、土星の７つの天体を扱います。**
　月は衛星、太陽は恒星、その他は惑星です。本書ではこれらをすべてまとめて、「天体」もしくは「星」と表現します。

　この７つの天体は、それぞれわたしたちに影響する部分が異なります。わたしたちは成長しながら、それらの天体が意味するテーマを一つひとつ学び、人として成熟していくのです。
　例えば、７歳までに「人としての心身の基盤」を作るのは月が象徴します。
　小中学校時代には「教育」を受けることが最大のテーマですね。この頃はちょうど水星の年齢域にあたり、ものの考え方や人とのコミュニケーションのしかたの基盤を作ります。
　こうして、わたしたちが成長していく段階で「人生のテーマ」も移っていくのです。そういったテーマをこの７つの天体が象徴します。
　そして、その特徴はそれらの天体の星座やハウスから読み取るこ

とができるのです。

　本書は、年齢域に沿って一つひとつの天体の星座やハウスを知っていただくように組み立てられています。そうすることで、**わたしたちがどのように、どんな順番で、どんなテーマを抱えて成長していくと決めているかを理解することができるのです。**

　以下の表にそれぞれの天体の年齢域をまとめます。

《天体と年齢域》

| ☽ 月 | 0〜7歳 |
|---|---|
| ☿ 水星 | 8〜15歳 |
| ♀ 金星 | 16〜25歳 |
| ☉ 太陽 | 26〜35歳 |
| ♂ 火星 | 36〜45歳 |
| ♃ 木星 | 46〜56歳 |
| ♄ 土星 | 57歳〜 |

　あなたは今、どの天体の年齢域にあたりますか？
　境目のあたりだったら、ちょうど次の天体のエネルギーに変わるときだということになります。
　例えば現在35歳でもうすぐ36歳、という人は、太陽から火星にシフトするタイミングです。太陽の星座と火星の星座が変わったり、ハウスが変わる人が多いと思うのですが、その場合人生のテーマ、やりたいこと、仕事の方向性などに変化を感じるかもしれません。なんとなく、今までやっていたことと違うことがしたくなったり、「このままでいいのか」と考え始めるかもしれません。そうし

たら、次の火星の星座やハウスのテーマが大きなヒントになるでしょう。

　あと何年はこのテーマをやるんだな、とか、もうすぐ変わるんだな、などとわかっていると、目指すところが明確になりますから、ぶれなくなったり、安心してその方向に進むことができますよね。

　各天体の一つひとつの詳しい意味については、この後の本文で順番に説明していきます。

HOROSCOPE

## 12サイン（星座）とは

### ☀ 天体にはそれぞれ個性がある

　占星術では、天体が主役です。それぞれの天体が、あなたの人生の設定に欠かせない「役者」のようなものだとします。その役者の性格がどんなものなのかを表すのが「12サイン（星座）」です。

　12サインというのは、牡羊座から魚座までの、12星座占いでよく知られるものですね。

　ホロスコープの一番外側の円に12サインの記号が記されているのが確認できますか？

　12サインというのは、太陽の軌道である黄道沿いにあるギリシャ神話の12の星座から名前をもらったものです。

　占星術の12サインは、実際のギリシャ神話の星座の位置とはズレがありますし、名前をもらっただけで、空の星座とは異なります。

　太陽系の惑星も月も、黄道沿いを巡ります。黄道というのは、星々が特別なエネルギーを帯びる場所とされていて、空の位置はこういうエネルギー、この位置は……と、分類したのが占星術の12サインです。

　12サインの起点になる牡羊座が春分点の位置で、そこから黄道をぴったり30度ごとに12分割したのが12サインとなります。

　ホロスコープを確認すると、12サインは一つひとつがぴったり同じ幅になっているのがわかると思います。

# 12サイン（星座）一覧

| サイン | 特性 | キーワード |
|---|---|---|
| 牡羊座 | 火・活動 | 自我の目覚め・切り開くこと・アイデアで巻き込む・種をまく・リーダーシップ・勇敢さ・独立心・闘争心・自分を知りたい |
| 牡牛座 | 地・不動 | 温厚・所有欲・五感に恵まれる・物質的な美や豊かさ・価値・生活の安定性・経済的な基盤・維持しようとする・頑固さ |
| 双子座 | 風・柔軟 | 軽やかさ・知的・言語化しようとする・好奇心・多才さ・コミュニケーション能力の高さ・伝えようとする・快活さ |
| 蟹座 | 水・活動 | 母性本能・親しみやすさ・共感力・他者と感情で繋がる・家族・民族・心の基盤・保護して育もうとする・愛情深い |
| 獅子座 | 火・不動 | 自尊心・生命力・創造性・自己表現・他者からの注目を浴びる・特別である・遊び・子供のような純粋さ |
| 乙女座 | 地・柔軟 | 分析力が高い・何かに奉仕しようとする・健康管理・物事を完成させる・緻密さ・技術力・習慣・効率性・役に立とうとする |
| 天秤座 | 風・活動 | 社交性・調和性・バランス力の高さ・人間関係の学び・パートナーシップ・他者からの評価・社会デビュー・周囲に気を配る |
| 蠍座 | 水・不動 | 深い探求・深いパートナーシップ・執着・他者から譲り受ける・死と再生・変容・性的な行為・霊的なもの・神秘性 |
| 射手座 | 火・柔軟 | 真理の探究・社会的な理想・高等教育・スポーツ・アウトドア・哲学・精神性・宗教・旅・海外・宇宙意識・指導者・叡智 |
| 山羊座 | 地・活動 | 社会的な達成・正義感・時間を味方にする・具現化力の高さ・社会的なバランス力・社会的な役割・組織の中での立場 |
| 水瓶座 | 風・不動 | 独創性・新しい技術・革新的なもの・未来的なもの・普遍性・変革力・自由への展望・情報通信技術・知性的な繋がり |
| 魚座 | 水・柔軟 | 無意識・浄化・統合すること・他者を受け入れる・根源への理解・芸術性の高さ・目に見えないものを扱う・直感力・夢 |

## ✴ 4つのエレメント（四元素）

　占星術には多くの宇宙の法則があります。12サインも法則性をもって定義されています。
　まず、西洋の概念ではこの世界は4つのエレメント（元素）に分けられると考えられていました。東洋の陰陽五行に近い思想です。
　その分類とは、火、地、風、水の4つです。
　12サインはこのどれかのエレメントに分類されます。

**火**　牡羊座、獅子座、射手座
【明るさ、直観、精神性、情熱、楽観】
　全体に火の星座が多い方は、明るく楽観的です。光を帯び、燃え上がる炎は精神性も表します。

**地**　牡牛座、乙女座、山羊座
【物質性、豊かさ、文化、伝統、価値、安定】
　言葉のイメージの通り、固まって物質化し、継承されていくものです。地の星座が多い方は、着実さがあり、現実主義で、社会性があります。お金など、豊かさや目に見える結果を重視します。

**風**　双子座、天秤座、水瓶座
【知識、情報、コミュニケーション、移動、取引、未来】
　横に広がっていく風のイメージの通り、繋がりや知識、コミュニケーションに関わります。風の星座が強い方は、人との距離を取る

のが上手だったり、移動が好きだったり、自由を愛し、論理的な思考能力が高くなります。

水　蟹座、蠍座、魚座
【感情、心で繋がる共同体、守ること、無意識】
　水は心や感情を表します。何かにくっつき共感しようとする質を表します。水の星座が多い人は、優しさ、思いやり、共感する能力があり、愛や心を大切にします。

## 3つのクオリティ（区分）

　もう一つの分類が活動、不動、柔軟の3つのクオリティです。行動パターンの違いが分かります。

活動　牡羊座、蟹座、天秤座、山羊座
【スタート、若々しさ、活発、行動的】
　春分、夏至、秋分、冬至、といった季節の切り替わりにかかわる星座です。物事をスタートさせようとし、とても活動的です。行動の原動力になるエネルギーとなるものが、エレメントによって異なります。

不動（固定）　牡牛座、獅子座、蠍座、水瓶座
【粘り強さ、頑固さ、根付かせる、繰り返す】
　活動星座の後に、不動星座の季節がやってきます。その季節の盛

り、根を張る、固定化することを象徴します。変化を嫌います。根付かせたいことがエレメントによって異なります。

**柔軟** 双子座、乙女座、射手座、魚座
【柔軟性、周りに合わせる、変化する、流れに乗る】
　季節の変わり目の星座です。周囲に合わせて変化させ、流れに乗ろうとします。周囲の何に合わせるかがエレメントによって異なります。

## ✦ あなたのエレメント（４元素）と３区分を書き出してみよう

　24ページを参考にあなたのホロスコープを出してみてください。月から土星までの７つの星のうち、火、地、風、水のエレメントの星座がいくつずつ入っていますか？　数の多いエレメントの性質は強く出て、少ないエレメントは不足気味になります。

　例えばわたしなら、７つの天体のうち、活動サインが５つで半分以上。だからとても行動的で、いつも提案し、決断し、人を巻き込んでいます。
　そんな風に、あなたの特徴をざっくりとつかんでみてくださいね。

| エレメント | 数 |
|---|---|
| 火 | |
| 地 | |
| 風 | |
| 水 | |

MEMO

| エレメント | 数 |
|---|---|
| 活動 | |
| 不動 | |
| 柔軟 | |

MEMO

## 12ハウスとは

　ホロスコープの真ん中の小さな丸は地球を表していて、ここから放射線状に天球を12のブロックに分割した線が出ています。この12のブロックが12ハウスになります。小さな丸のそばに、1～12の番号が振られているのがおわかりいただけるかと思います。

　ハウスの起点は東の地平線と黄道が交わるところで、ホロスコープ上では「Asc」、または「AC」と書かれています。この東の地平線を「アセンダント」といいます。お手元のご自身のホロスコープの円の左側に「Asc」とか「AC」と書かれているのが見つかるでしょうか。

　12サインは1つのサインの幅がぴったり30度ずつになっていますが、ハウスはそのとき最も太陽が高く上った場所（MC）なども計算したうえで導き出していますので、一つひとつのハウスの幅が異なります。

　アセンダントが東の地平線なら、その対角線上にあるのが「DC（ディセンダント）」です。ここは日が沈んだ場所、西の地平線になります。

　ホロスコープで見ると、下半分は暗い場所で、上半分が明るい場所になります。

　出生時間が日中の人は、上半分に太陽の天体記号があると思います。夜に生まれた方は下半分ですね。確認してみてください。

　それぞれのハウスには40、41ページの表のように、それぞれ意味があります。**天体の性質を、「人生のどこでどんな風に学ぶか」**

**を象徴しているのがハウスです**。人によってはいくつかのハウスに星が密集していると思いますが、その場合、そこは人一倍テーマが強い場所、ということになります。逆に、星が1つもないハウスは、あまり強い課題がない、つまりは「人並みにできる」といえます。
　詳しくは次ページの一覧表をご覧下さい。

## 12ハウスの一覧

| | | |
|---|---|---|
| **1** HOUSE | **自我・目覚め** | 他者からの印象、独特の雰囲気、くせ、振る舞い、イメージ、体格、容姿、顔、個性、生まれた時の状況や家庭環境、健康、活力、自己主張、物事の始め方、基本的行動パターン。<br>※外から見ると明白でも、本人は自覚しない傾向がある。 |
| **2** HOUSE | **物質・価値** | 資産、お金、物、体力、価値観、所得能力、収入、本人の中の才能、所得と支出の習慣、生活の安定、経済的な基盤、祖先、地域社会。 |
| **3** HOUSE | **知性・言葉** | 知性の育て方、物事の基本的な考え方、人とのコミュニケーション、情報の送受信、学習、会話、言葉の扱い方、初等教育、兄弟姉妹、電信、通信、興味の向かうもの、旅行。 |
| **4** HOUSE | **ルーツ・基盤** | 家族との関わり、家庭環境、家、生まれつきの地位、ルーツ、転居、自宅を職場に、晩年の状況、人生の最後、心理的基盤、遺伝、異性の親。 |
| **5** HOUSE | **遊び・表現** | 創造的な自己表現、遊び、恋愛、子ども、出産、エンターテイメント、ゲーム、スポーツ、趣味。 |
| **6** HOUSE | **自己の完成** | 自己の完成、仕事を通じての成長、健康を通じての成長、義務的な仕事、奉仕、人の役に立つこと、身体のケア、健康状態、訓練、技能、栄養、癒し。 |

| | | |
|---|---|---|
| **7**<br>HOUSE | 他者 | 人間関係を通しての学び、他者との協力関係、パートナーシップ、他者から見た自分の確立、他者からの評価、自分の世界にやってくる他者。 |
| **8**<br>HOUSE | 変容・絆 | 他者を通しての変容、パートナーとの絆、性的活動、神秘への興味、死、親族関係、遺産、祖霊的なもの、他者から譲り受けるもの、受け取ること、心理学。 |
| **9**<br>HOUSE | 意識の拡大 | 精神、海外、旅、宗教、哲学、超意識的な心理、教養、叡智、高等教育、専門的な学問、大学や研究室、社会への理想、教え導くこと、教育関係。 |
| **10**<br>HOUSE | 社会的完成 | 社会的完成、コミュニティや組織での立場、天職、職業、キャリア、ビジネス、仕事、社会的に認知、社会の中で到達したい目標、社会での自己実現、社会からの制限、社会的な役割（主婦業を含む）。 |
| **11**<br>HOUSE | 社会改革 | 友人、志を同じくする仲間、自由への展望、未来への理想や展望、希望、革新的なもの、枠を超えた繋がり（グループ・コミュニティ）、コンピューターやSNSなどによる繋がり。 |
| **12**<br>HOUSE | 無意識・統合 | 無意識、意識の統合、目に見えない領域、芸術性、スピリチュアル、インスピレーション、癒し、秘密の関係、隠れた場所、浄化<br>※ここにある天体は意識的に使うことが難しい。 |

# CHAPTER 1

# 月
MOON

### 本当の自分を知る
### 10の質問

## この章のねらい

月は心が落ち着くこと、
素のあなたを表します。

ここでの質問は、
まず宇宙とつながるための最初の第1歩、
あなたの子どもの頃について振り返って
いただくために、
あなたの過去について質問します。

## あなたの基盤、心の安定点

　生まれたときにお月様があった場所の星座を「月星座」と言います。
　通常の12星座占いでは「太陽星座」で判断しています。生まれたときに太陽があった星座ですね。
　月は28日弱で地球の周りを一周し、およそ2日半で星座を移動します。だからいわゆる12星座占いでは同じ星座の人でも、月星座は更に12通りに分かれるのです。

　月はその人の幼児期や素のその人を象徴します。
　わたしたちは、7歳で潜在意識の蓋が閉じると言われます。月の年齢域である7歳を過ぎると、この頃得た感受性は無意識の奥深くに沈み、その人の「心の基盤」を作ります。無意識的に繰り返してしまうこと、何も考えずにやってしまうこと、つまりその人の素の部分を、月星座は表しているのです。

　また、月が入っているハウスもまた、あなたの心の安定のためにとても重要な場所です。何に心が満たされるか、何を安定させる必要があるかが、あなたの月のハウスに現れています。

# まずはあなたの「月」について知りましょう

あなたのホロスコープから、
月の星座とハウスを確認しましょう。
33ページの12星座のキーワード、
40、41ページの12ハウスのキーワードを、
下線部分に書き出してみましょう。

わたしの月は＿＿＿＿＿＿＿＿座で

＿＿＿＿＿ハウスです。

わたしは＿＿＿＿＿＿＿＿を満たすことで

心が安定します。
（12星座のキーワードを入れましょう）

また、わたしのハウスのテーマである

＿＿＿＿＿＿＿＿＿＿＿＿

が安定していることも大切です。
（12ハウスのキーワードを入れましょう）

QUESTION
# 過去を振り返る質問

まずは、あなたの「過去」を振り返って心に浮かんだことを
思いつくままに書き込みましょう。断片的でもかまいません。

Q1. 幼児期はどんな子どもでしたか？

Q2. あなたが小さかった頃、お母さんはどんな人として、あなたの目に映っていましたか？

Q3. 小さい頃、辛かったこと、もっとこんな風にしたかったと感じることはありますか？

## QUESTION
## 現在を見つめる質問

次にあなたの「現在」を振り返っていただく質問です。
心に浮かんだことを思いつくまま書き込みましょう。

Q4. あなたにとって、心の安定、リラックス、充電に欠かせないことはなんですか？

Q5. 毎日、ほっとできる時間を作ることができていますか？

Q6. 素のあなたを受け止めてくれる人はいますか？

Q7. どんなときにストレスを感じますか？

# 子ども時代を振り返り、癒そう

　過去を振り返る最初の3つの質問では、幼児の頃のあなたのことを振り返ってもらいました。子どもの頃から変わらない性格、好きなこと、得意なことなどが、あなたの月星座に現れているのです。
　もし自分だけで考えてわからなければ、ご両親に「わたし、小さい時どんな子どもだった？」と聞いてみてもいいかもしれません。

　また、幼児期は「お母さん」とか、「家族」が世界のほぼすべてと言えるでしょう。ですから、親子関係、特にお母さんとの関係もまた、月に現れたりします。あなたの子どもの頃のお母さんの姿が、あなたの月星座の性質そのままだったりすることもあるのです。

　この後の、月星座の性質を読んでみて「え？そうだっけ？全然腑に落ちない」とか、「意外！」なんて感じる人もいるかもしれません。
　そういう方は、小さい頃に「我慢ばかりしていた」「親が厳しかった」といった印象を持っている可能性があります。そうすると、子どもはお母さんのこと、家族のことが大切だから、自分の素の性質を押し殺したり、出さないようにしてしまう場合があるのです。

# 月星座別の解釈

## ♈ 牡羊座

子どもの頃から元気いっぱいでエネルギッシュなあなた。周りを巻き込み、率先していろんなことをしてきたのではないでしょうか。気持ちが前のめりになるので、気がついたらあちこち怪我をしていた、なんてことも！パワフルさが魅力ですが、周囲を置き去りにしがち。バランス感覚や協調性を磨くのが課題ですね。

## ♉ 牡牛座

月星座の中で最も外からの印象がいいとされるのが牡牛座です。周囲からなんとなくかわいがられてしまうところがあるでしょう。おいしいものを食べて、五感を満たして、毎日を心地よく過ごしましょう。家族や地元を大事にし、あなたが持っている才能を発揮できると満たされます。あなたの内側にある、敏感な五感、丁寧に生きる力、生活能力の高さ、ものの価値が分かる感受性などを生かしましょう。

## ♊ 双子座

子どもの頃から知性が発達していて、好奇心が旺盛だったのではないでしょうか。本を読んだり、外出していろんなものを見たり、人と楽しくおしゃべりすると知識欲が満たされます。多趣味、多才になりやすいですが、それがあなたの才能でもあります。一つの場所にとどまるよりも、たくさんのことにアンテナを張り、楽しみましょう。

##  蟹座

小さい頃から面倒見がよく優しい人が多いです。甘えられずに育った場合、月が満たされずに来たともいえるかもしれません。家族をとても大切にし、家での暮らしが充実し、家の中が安心できる場所であることが何より重要です。子どもや動物を可愛がる優しさがある反面、身内にはヒステリックになりやすく、心が不安定になりやすい面があります。庶民派で愛嬌があり、親しみやすい印象の人です。

##  獅子座

子どものように純粋な情熱を持っています。何かに夢中になること、注目されることを好みます。小さい頃から負けず嫌いな面があるかもしれません。注目され、賞賛され、褒められることを求めますので、人前に出る仕事や表現を極める趣味や遊びがおすすめです。情熱を注げる何かを見つけるといいでしょう。小さな頃から人の眼を惹く華やかさがあります。

##  乙女座

とても知性が発達していて、子ども時代から、調べたり分析することなどが好きな人が多いでしょう。まじめで親や目上の人の言うことをよく聞き、周りの役に立とうと努力できる人です。同時に完璧主義、理想主義的、思考優位にもなりやすいので、身体をリラックスさせたり、精神性の世界、目に見えない世界に触れてみることで頭を少し休ませる時間を作るといいでしょう。

## ♎ 天秤座

小さな頃から周りを気にして自分を押さえようとしてきた傾向があります。それはあなたの優しさですが、自分を見失いがちにもなります。思いやりや気使いは12星座イチ。誰とでも上手に接することができるので、接客業など様々な人に関わるお仕事が向いています。天性の社交性とバランス感覚、美意識の高さが魅力なので、そういった性質を生かしたり、楽しんだりできるといいですね。

## ♏ 蠍座

子どもの頃は一人遊びか、お母さんなど特定の誰かにべったりだった人が多いでしょう。他の星の星座にもよりますが、本質的には多くの人と接するよりも特定の人と深く関わるほうが楽ですし、本当の気持ちを話せたり、心から信頼できる人は少数でしょう。その代わり、本当に心を許し、愛する人とは、生涯共にいようとしますし、何があっても信頼し続けようとします。

## ♐ 射手座

生まれながらの冒険家で、生まれた場所を離れて遠くに住むことが多いのが月星座射手座の方です。アウトドアスポーツが好きだったり、精神、宗教、哲学などの世界にのめりこんだり、海外に関わるなど、心も体も遠い世界に憧れ、常に成長しようとします。興味関心が多くて落ち着かない面もあるでしょう。社会への理想を描いて学び、教育に関わるのも射手座で、研究者や教育者になることも。

**山羊座**

小さい頃からしっかり者で、聞き分けが良かった、という印象を持たれているかもしれません。あまり子どもらしくない子どもだった場合も。古い伝統あるものを好み、華道や茶道など「道」を究めるものを習う人もいるでしょうし、そういった道を継承する人もいるかもしれません。家具も古いレトロなものを好み、古い歴史ある場所や建物が好きでしょう。仕事や役割もきっちりとこなし、ビジネスセンスもあります。

 **水瓶座**

自由を好み、集団に縛られたくないので、小さな頃からどこかマイペースな雰囲気があったかもしれません。どこか天才的でもあり、変り者でもあり、興味のあることについては飲み込むのが早いでしょう。広く浅くコミュニケーションすることを好み、同じことに興味のある人とはインターネットを駆使するなどして繋がり、世界中に友達がいる人も。

 **魚座**

直感やイマジネーション力、芸術的な感性が高い人です。子どもの頃からどこか不思議な雰囲気を持っていて、現実離れしたことを言ったり好んだりしたでしょう。親や世間の常識に縛られない感性を持っているため、それを周囲に理解してもらえない寂しさがあったかもしれません。誰でも愛そうとし、受け入れようとする優しさがあり、天然の癒し系です。境界線をうまく引けないと騙されやすくもなりますので要注意です。

## 月のハウス別解釈

**1 HOUSE**
幼さの残る、いわゆる童顔タイプの顔つきをしていて、いつまでも若く見られる人です。幼児期の環境が人生全般に無意識的に大きく影響している人が多い傾向があります。他者からの影響を受けやすく、感情も不安定になりやすいでしょう。変化の多い人生になりやすいので、星を知ることで自分の心の軸を安定させるように努めましょう。

**2 HOUSE**
お金のハウスなので、ここに月があると、経済的な浮き沈みが多く、不安定になりやすいとされます。公衆相手の商売が向いています。月が象徴する、食べ物、家や不動産などのお仕事の才能があるとも言われています。あなたが生まれ持った能力を発揮することが人生の大切なテーマとも言えます。

**3 HOUSE**
知性が発達していて知的好奇心が強く、おしゃべりが好きな傾向があります。幼児期の過ごし方や家庭環境が知性の発達に強く影響します。旅行に行ったり、私生活にも移動が多いかもしれません。本を読んだり、出かけたり、好奇心が満たされることをするのがストレス発散になり、心が落ち着くでしょう。

**4 HOUSE**
4ハウスは家庭を表します。ここに月が入ると、幼児期の家庭環境がその後の人格に大きな影響を与えることを暗示します。先祖や家系に関わる何かをしていくとか、ご自身が強い興味を持つ場合もあります。月は変化が多いことを象徴しますので、引っ越しなど、家庭環境の変化が多い傾向にあります。誰よりも温かい、安心できる家庭を持つことに気持ちを注ぎます。幼児期の家族を懐かしみ、大切にする気持ちが強いでしょう。

**5 HOUSE**
「子ども」のハウスなので、子どもを多く持ったり、子どもとかかわる仕事をする傾向があります。人生において遊びや恋愛が占める比重も多くなりがちです。自分が中心になって何かをしたり、目立つことを好む人も多くなります。ギャンブルや投機にはまる人もいますが、安定性がないのが月ですので、向いているとは言えません。

**6 HOUSE**
このハウスに月があると、仕事を頑張り、人の役に立とうとします。仕事が安定すれば気持ちも安定しますし、人の役に立つことに喜びを感じるので、医療系や福祉系、健康関係や栄養関係などの仕事をする人が多いでしょう。また、一つのことを継続したり訓練するのも向いていますから、職人や技術者なども多くいます。ただ、浮き沈みもあるのが月なので、本人の気持ちとは裏腹に転職が多くなることも。また、神経質な面もあるので、不安が多いと神経症になりやすい傾向があります。

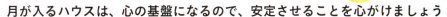

## 月が入るハウスは、心の基盤になるので、安定させることを心がけましょう

**7 HOUSE**
パートナーや職場などの人間関係が心の安定に深く影響します。人間関係全般がうまく行くように努力をするでしょう。どんな人とでもうまく付き合おうとし、初めての人でも受け入れることができるので、接客業や人気商売などはストレスなくこなします。早婚になる傾向があります。

**8 HOUSE**
心理学や目に見えない世界に興味を持ち、人と関わるときには相手に深く入り込もうとします。小さい頃から、人はなぜ死ぬのか、といったことに興味があり、考えすぎて不安になる子どもだったかもしれません。目に見えない世界とのつながりが強く、霊感などがある場合も。身内や結婚後の親族関係の影響を受けやすく、遺産や相続、保険といったものに気持ちが左右される傾向があります。性生活にも関心が強いでしょう。

**9 HOUSE**
小さいうちに宗教や哲学的な倫理観を獲得している傾向があります。向上心があり、勉強が好きで、物事をアカデミックに理解しようとします。このハウスに月がある人は、生まれ育った場所を離れる暗示もあります。旅行やアウトドアなど、遠くに出かけ、身体を動かすことが好きでしょう。

**10 HOUSE**
社会的な活動や公的な活動に関心が深いでしょう。女性や大衆、子ども相手の仕事が向いている傾向にあります。仕事では浮き沈みも多い傾向がありますが、どんな人とでもうまく接することができますし、素のあなたとしてできることを無理なくやっていくのがいいです。女性や大衆からの人気運もあります。

**11 HOUSE**
友達が多い傾向にありますが、交友関係が長く続かない場合も。仲間との活動やサークル活動を積極的にやりますが、変化に強く、特定の誰かに執着することもないでしょう。SNSなど、インターネットを使った交友関係も広がりやすいでしょう。新しい面白いことに関わりたい、より自由になりたい、という意識が強くあります。

**12 HOUSE**
空想の世界、周囲から孤立した自分だけの世界にいることを好みます。直感力に優れ、子どもの頃から目に見えない世界とのパイプが強く、ヒーリング、占い、芸術関係などの才能があります。マイペースに楽しめる、孤立した時間を持つといいでしょう。また、瞑想や精神性の探求、スピリチュアルといったものを生活に取り入れ、目に見えない世界と自己への信頼を深めていくのがおすすめです。

# 月星座を満たす生活をしよう！

　あなたの月星座を知ったならば、月の性質を癒し、満たしていくことを毎日の生活に取り入れましょう。

　月星座が牡牛座なら、美味しいものを食べるなどして五感を満たす。身の回りのものを「好きなもの」で満たす。
　双子座なら、おしゃべりやネットサーフィンを楽しむ。何かを勉強したり、休みの日はお出かけをするようにする……などです。

　日々の生活の中で、何をすれば心が落ち着くか、何が足りないとストレスを感じるか、などはこの月星座に現れます。

　月は「心の土壌」です。土壌が栄養たっぷりで潤っていないと、何を植えてもうまく育ちません。
　あなたがあなたとしてまっすぐに育つためには、まず何よりも月を満たすことが最重要となります！　特に女性にとっては本当に重要な星座です。

　また、男性にとっての月星座は、一緒にいて癒される、「好みの奥さんのタイプ」を表していたりします。
　女性の方はパートナーの月星座をぜひチェックしてみてくださいね。自分の中にそんな要素がないか、素の性格がパートナーの月星座と共通点がないか、気にしてみてください。

## QUESTION
# 未来をつくる質問

最後に、あなたの「未来」についての質問です。
心に浮かんだことを思いつくまま書き込んでみましょう。

Q8. あなたの月星座の項目を読んで、どんなことに気が付きましたか？

Q9. どんなことをすれば、あなたの月星座の性質が満たせそうですか？

10. 素のあなたを発揮するために、今後取り組めそうなことはありますか？

## 疲れたら月に帰りましょう

　わたしの月星座は蟹座なのですが、幼児期に、蟹座らしく甘えたりした記憶もないし、子どもも動物も好きではありません。蟹座らしい資質が全然ありませんでした。

　女性は、子どもを産み育てて母親になると、月の性質が再び強くなります。わたしは、子どもを産んで初めて、母性が強くある自分を自覚しましたし、我が子が本当にかわいくて、愛情を強く注ぎました。
　シングルマザーでも、家事に手を抜くことはあっても決して子育てには手を抜かなかった自負があります（笑）。

　占星術を学んだときに、自分の月は蟹座だと知って強い衝撃を受けたと同時に、とても腑に落ちました。
　月は心の基盤、土壌です。
　わたしはそれ以来、「家族を一番大事にする」という自分のセオリーを守り続けています。それさえブレなければ、何があっても大丈夫だと感じていますし、本当に満ち足りた日々を送ることができています。
　あなたはどうでしたか？
　月はあなたの基盤。根幹をなすものです。

疲れたら家でゆったりと休み、エネルギーをチャージしますよね。
　そんな風に、月星座と月の入っているハウスのテーマを日々意識することが、あなたの心を癒してくれるでしょう。

---

### Point

☆ 月は女性にとって何よりも大切なもの。疲れたら意識して月を満たしましょう

☆ 自分を見失いそうになったとき、原点を見直したいときにも月を見直してみて

CHAPTER
2

# 水星

MERCURY

あなたの才能が開花する
**10**の質問

## この章のねらい

水星のキーワードは、考え方、コミュニケーションスキル。
あなたが8歳〜15歳の時に身につけたものの考え方、
コミュニケーションの「型」に関わります。

水星の星座やハウスで、
あなたが何に興味を持ち、
何を学び、
何をスキルにしていくか、
人に伝えるときはどうするといいか
がわかります。

## あなたの思考、
## コミュニケーション

　水星の星座の特徴を身につけるのは8歳〜15歳と言われています。この頃、わたしたちは学校に通い勉強をするようになりますが、わたしたちはこの時期、勉強の仕方、クラスメートとのコミュニケーションを学び、身につけていきます。

　水星の年齢域である8歳、小学校低学年くらいで性格が変わる子が時々いますが、それは月星座から水星星座に性格がシフトしていくためです。また、兄弟姉妹はあなたが最初にコミュニケーションをとる相手ですね。兄弟姉妹との関係も水星星座に現れる場合があります。
　水星の年齢期に身につけたものの考え方、人とのコミュニケーションの取り方は、大人になっても変わらずに残っている場合が多くなります。
　小中学生の時にお友達が多くて明るいタイプだったら、きっと今も友達を作るのが得意で、明るく話ができる人です。
　逆に、人とどう接していいかわからない、おしゃべりが苦手だった、という人は、大人になっても自分の内側にこもって、人とあまりコミュニケーションをとらないかもしれません。
　文章を書くのが得意だった人は、今も得意でしょう。

　また、水星が入っているハウスは、あなたの知性やコミュニケーション能力といった、水星の性質を育てる場所になります。

# まずはあなたの
# 「水星」について知りましょう

あなたのホロスコープから、
水星の星座とハウスを確認しましょう。
33ページの12星座のキーワード、
40、41ページの12ハウスのキーワードを、
下線部分に書き出してみましょう。

わたしの水星は＿＿＿＿＿＿＿＿＿＿座で

＿＿＿＿＿＿ハウスです。


わたしは＿＿＿＿＿＿＿＿＿＿

することでわたしの知性を満たします。
（12星座のキーワードを入れましょう）


また、わたしのハウスのテーマである、

＿＿＿＿＿＿＿＿＿＿＿＿＿＿

の領域を通して、知性を発達させます。
（12ハウスのキーワードを入れましょう）

## QUESTION
# 過去を振り返る質問

まずは、あなたの「過去」を振り返って心に浮かんだことを
思いつくままに書き込みましょう。断片的でもかまいません。

Q1. 小中学生のとき、どんな性格でしたか？

Q2. 学生時代は、どの教科の勉強が好きで、どんなことに興味がありましたか？

Q3. クラスのお友達とはどんな風に接していましたか？

## QUESTION
# 現在を見つめる質問

次にあなたの「現在」を振り返っていただく質問です。
心に浮かんだことを思いつくまま書き込みましょう。

**Q4.** 今、あなたは誰とどんな話をすることが好きですか？

---

**Q5.** どんなことを考えるのが好きですか？　どんなものを読んだりすることが好きですか？

Q6. 今学んでいること、今後学びたいことはありますか？

Q7. どんな仕事をしている、もしくはしてきましたか？

# 学生時代のあなたが身につけた
# ものの考え方は？

　小中学生の頃のあなたのことが思い出せましたか？

　例えば、わたしの水星は射手座です。射手座は広い世界に憧れて、探求心が強い星座。小中学生のときから海外に憧れていましたし、好きな教科は社会、歴史、地理。知らない世界のことを知ることにワクワクし、好きなテレビ番組も「世界ふしぎ発見！」でした。今も世界を旅するようなテレビ番組が好きです。

　また、小さい頃から哲学的なことを考えたり、文章を書くのがとても好きでした。射手座は言葉を扱ったり、哲学や精神性を扱うのも得意な星座です。

　そうして今も、文章を書いたり、精神のこと、宇宙のこと、自分の哲学などを人に伝える仕事をしています。

　こんな風に、わたしたちは小中学校時代に、人とのコミュニケーションのしかた、ものの考え方などの基盤を作っていきます。

　さあ、あなたの水星の星座別、ハウス別の解釈を読んでみてください。小中学校時代のあなた、今もその頃から変わらないものの考え方やコミュニケーションの取り方は、水星からの影響なのです。

## 水星星座別の解釈

### ♈ 牡羊座

言葉や知性を使って、新しいことをスタートさせる人です。アイデア力、企画力が素晴らしく、すぐに面白いことを考えつくので、いつも周囲には人や笑いが絶えません。子どもの頃から体を動かすのが好きだったでしょう。小中学生の時は明るく意見をはっきり言うので、クラスの中心的存在だった可能性も。周囲の気持ちに配慮し、「空気」を読むのは苦手かもしれません。自分の思い通りにしようと強引に話を通そうとしたり、思ったことをすぐ口に出してしまうので、口が災いの元となる傾向があります。

### ♉ 牡牛座

目に見える物質的なものをうまく生かそうとします。飲み込みは早いほうではありませんが、じっくりと身につけるタイプで、生活を美しく豊かに心地よく整えることが得意です。その代わり、一度いいと思ったことを突き詰めたくなるので柔軟性がなく、周囲のやり方に合わせずに考えを押し通す面もあります。とても堅実な方で、お金や不動産のような資産や価値あるもの、美容や芸術関係などの「美」に関わるものについて学ぶことも好きでしょう。

### ♊ 双子座

頭の回転が速く、好奇心が旺盛です。おしゃべりも好きでしょうし、子どもの頃は活字中毒レベルに本を読んだり学習したかもしれません。ただし、一つのことを継続させることは苦手なので、多才多芸になりやすい反面、スペシャリストにはなりにくい傾向があります。一つの場所にとどまるよりも、広くアンテナを張り、楽しく学び、見分を広めるといいでしょう。マスコミ関係など、あちこち動き回り、言葉を扱う仕事に適性があります。

## 蟹座

思いやりのある優しい雰囲気の話し方をする人が多いでしょう。人の心を察し、共感することでコミュニケーション能力を育みます。人見知りをしやすいですが、一度心を開き、一緒にいて安心、共感できる友達ができると大切にします。模倣が上手で、耳から聞いたことを覚えるのが得意です。生き物が好きで、動物や人の心に興味を持ち、学ぼうとする傾向があります。何かを育て、面倒を見るようなタイプです。自分より小さい子のことも可愛がるでしょう。

## 獅子座

黙っていても華やかさがあり、クラスで目立つタイプです。クリエイティブなことが好きで、人前に出る機会があると輝きます。向上心があり、何か夢中になれるものが見つかると、力を発揮し始めます。はっきりと自己主張ができるタイプ。プライドが高く負けず嫌いなところもあるので、それが過剰になると傷つく前に何かに挑戦することをあきらめるかもしれません。自尊心を上手に育てていくことが大事なテーマになります。

## 乙女座

自分が前に出るよりも、誰かのサポートをするのが向いています。頭脳明晰で、優等生タイプ。分析や整理が好きで、興味を持ったものには異常に詳しくなります。人の役に立ちたいという気持ちが強く、職人気質です。健康や食、栄養といった身体のことに興味を持ちやすく、健康、医療、福祉関係の仕事に従事する人が多くなります。事務処理能力やデータ収集能力が高いため、社会人になっても重宝されるでしょう。細かいところに目が行き届く反面、大局的なものの見方は得意ではありません。

MERCURY

## ♎ 天秤座

美意識が高く、人とバランスよく接し、初対面の人とも上手にコミュニケーションできます。気配り上手で会話のセンスも良く社交的です。TPOをわきまえ上品にふるまうことができ、ファッションやインテリアなどのセンスも抜群です。人によっては、バランス感覚や美意識が高いあまり、自分に自信を持てずにコンプレックスを抱えやすい面があります。人に教えることが得意な人も多いです。周囲とのバランスを重視しすぎて、自分の好みや考えがわからなくなる傾向も。

## ♏ 蠍座

物事を深く探求し、洞察力があります。何かに興味を持つととことん追求します。神秘的なこと、目に見えない世界、心理学、死後の世界に興味を持つ人も多く、なぜ人は死ぬのか、死んだらどうなるのかをよく考える子どもだったかもしれません。一度仲良くなった人とずっと一緒にいようとする傾向があり、心を開いた人とは一生涯友達でいようとするでしょう。人からは、「何を考えているかわからない」とか「不思議な人」という印象を持たれるかもしれません。

## ♐ 射手座

社会や世界に広く興味を持ち、知らないことを見て、知って、探求したいという気持ちが強くあります。本やテレビなどのメディアから、自分の知らない世界について多くを学ぼうとします。スポーツが好きで、目的を達成するまでの最短距離やそのための身体の使い方などを考え、戦略を練ることを楽しみます。興味のあるものが広く変化も多いので、小さいうちは言うことがコロコロと変わるような印象を持たれたかもしれません。常により良く生きようとし、精神性を探求し、成長したい気持ちが強くあります。

##  山羊座

12星座イチのまじめな優等生タイプです。組織全体を見る目に長けていて、管理者に向いており、子どもの頃から生徒会などの役員になりやすいタイプです。大人になっても社会人として非常に優秀な人が多くなります。親や学校の敷くルールや言いつけをよく守り、ルールを作る側に興味を持つ人も多いでしょう。時間を把握する感覚に優れていて、コツコツと努力をするの苦ではなく楽しいことですらあります。古典文学や歴史など、古い伝統あるものを学ぶことが好きな人も多くいます。

##  水瓶座

自由やより良い未来を志向するため、学校という場にあまり馴染めない傾向があります。天才性があり、興味があることはあっという間に身につけ、社会や組織の型にはまらずに自分らしさを発揮しようとします。特に、新しい通信技術などは水瓶座の管轄で、情報を集め、先端のスキルを身につけることを得意とします。個を大切に考え、枠やルールに縛られないので、海外に興味をもち、国や組織といった枠の外側のものに偏見を持つこともありません。

##  魚座

やわらかな印象の話し方をし、言葉や思考にはまらない、形にならないものに興味を持ちます。感覚派で言語化が苦手な人も多く、思考がどこかふんわりとなりがちないわゆる「天然」タイプです。芸術的なセンスがあり、妄想が好きで、詩を書いたり物語を考えたりするのが好きな人も。癒しやヒーリング、スピリチュアル、芸術など、目に見えないものに興味を持ち、この世界はすべてが繋がっているのだということを感覚的に知っています。

## 水星のハウス別解釈

**1 HOUSE**
知的な印象の外見の方が多くなります。新しい話題や情報に敏感で話好きです。旺盛な知識欲があり、頭を使った作業が得意です。人生に多様性を求め、落ち着きに欠ける人も。アイデア力があり、発案して周囲に影響を与えることを好みます。何か言葉を投げることで世界がどう反応するかを通して自己確認をしたい、という根源的な欲求があります。

**2 HOUSE**
言葉を書いたり、伝えたりすることを通して金銭的な収入を得る配置です。もしくは、お金を得るための行動を通して知識を育むとも言えますし、お金を得るための勉強が得意、その専門家になる、という意味にもなります。

**3 HOUSE**
水星が強く働くハウスです。書く、話すなど、知性を使った仕事が向いている人です。子どものころから好奇心旺盛で、勉強が好きだったかもしれません。動きも機敏で、あちこち出向くことを好みます。作家やライター、広告宣伝、マスコミなどの通信関係のお仕事が向いています。

**4 HOUSE**
知的でコミュニケーションを多くとるような家庭で育っている人が多い傾向です。主に家の中で知性が育まれます。家族との会話や家での読書などを好んだ子供時代かもしれません。家で言葉や知性を扱った仕事をすることも暗示します。家や不動産などの財産を扱う知識に長ける人も。

**5 HOUSE**
学んだり、書いたり、お話ししたり、あちこち出かけることを好む人が多いです。日帰り程度の国内旅行を楽しんだり、遊びのサークルや交流会などの趣味を持つかもしれません。知的好奇心を満たすような趣味を持ちます。恋愛も、話の合う友達の延長のような関係を好みます。

**6 HOUSE**
専門的な知識を持つタイプです。専門者、技術者など、頭を使った労働者になる傾向があります。分析力、技術力を仕事で鍛える、とも言えます。半面、神経過敏だったり完璧主義なところがあるので、神経性の疾患を患いやすくなったり、仕事で自分を精神的に追い込みやすい傾向がありますので注意しましょう。

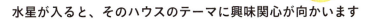

## 水星が入ると、そのハウスのテーマに興味関心が向かいます

**7 HOUSE**
人間関係の中でコミュニケーション能力を磨きます。接客業などで初めての人と1対1で接することにあまりストレスが無い傾向があります。他者に興味があり、いろんな人から情報を集めるでしょう。結婚相手も知的な人を選びやすく、変化や刺激の多い結婚生活になりやすいです。

**8 HOUSE**
死と再生、霊的な世界、親族関係、継承することなどを表すハウスなので、あちらの世界と交信することができる人が多い配置です。霊的な世界でなくても、心理学や人の生死にかかわることに知的好奇心を抱きやすいでしょう。受け取るハウスでもあり、何かの知識を人から継承される暗示があります。聞き上手な人も多い配置です。

**9 HOUSE**
教育関係者に多く、何らかの分野で得た専門的な知識を人に教える人になる傾向があります。海外に興味があり、留学をしたり、旅行をする人が多いでしょう。海外、哲学、宗教など、広い世界を探求する学問に興味を示します。マスコミ関係にも多い配置です。

**10 HOUSE**
水星の星座が表すような能力を仕事に生かす配置です。管理能力や組織の運営能力を持ち、そうして知性を育んでいきます。仕事や組織（家庭も含みます）のために情報を集め、知的な職業に従事する傾向があります。

**11 HOUSE**
話の合う友人知人が多く、SNSやネットワークを使ったコミュニケーションが好きな傾向があります。知的好奇心を満たし合えるような仲間が多く、新しい面白いことをしてみたいと情報を集め、共に未来ビジョンを語り合おうとします。既存の枠組みや社会的な価値観を批判的に受け止め、自由を志向します。

**12 HOUSE**
直感力に優れ、目に見えない世界を理解しようと知能が働きます。静かな環境で精神を集中させると頭脳もクリアになり、仕事などもはかどります。集中して半瞑想状態で仕事をする傾向があると言ってもいいでしょう。芸術的な才能もあり、本人が目立とうとしなくても、その文学作品やブログ記事、オンライン教材などが影響力を持つ傾向があります。

# 水星の力はとてもパワフル！

　水星の解釈を見ていただいて、いかがでしたか？
あなたの星座ごと、ハウスごとの特性を読んでみて、「活かせていないなぁ」と思うことがもしあったとしても、本当は、あなたの中にその星座の力、そのハウスの領域で水星を発揮する力があるのだと信じてみてください。そして、少しずつでも行動して、変えていってみてください。

　わたしたちの生活は日々、決断の連続です。情報を入手し、いろんなことを考え、どうするか、何をするか決める。日々、それを繰り返しています。
　自分の中の情報を集めて考えて決める、という力を信頼できること、それを伝えたりすることがスムーズにできることは、人生の質が良くなり、自分だけの人生を歩んでいく力を持つことができます。また、学習したりしてスキルアップするのも水星の力です。水星の力が足りないと、自分の頭で考えない人になります。それでは、自分を生きているとは言えません。ただ、「今までうまくいったこと」を繰り返すだけの、成長のない人生になってしまいます。
　水星の力って実はすごく大切だと思うのです。
　だから、あなたの人生がより良くなるために、どんなふうに思考やコミュニケーションの力を使っていくのがいいか、少し考えてみてくださいね。

QUESTION

# 未来をつくる質問

最後に、あなたの「未来」についての質問です。
心に浮かんだことを思いつくまま書き込みましょう。

**Q7.** あなたの水星星座や水星があるハウスを見て、どんなことに気が付きましたか？

**Q8.** あなたならではの表現のしかた、考え方、伝え方はなんですか？　仕事や日常生活で生かせそうなことはありますか？

**Q9.** 今後学びたいこと、伝えたいことはありますか？

# 今からでも遅くない！
# スキルアップのためにできること

　水星は大人になっても仕事のスキルなどで使われるものです。仕事をするのに、人とのコミュニケーションは欠かせません。あなたの水星星座の性質を知っておけば、それがあなたの特徴で、他の人とは違う点であることが腑に落ちるでしょう。

　また、水星の年齢域にその性質を作り上げるようになっていますが、大人になってからでも、何かを覚えたり、勉強したり、ものの考え方が変化していくことはありますよね。そんなふうに、水星の性質もいくらでも成長させ、より良く生かしていくことができます。
　子どもの頃は勉強がそんなに好きではなかったのに、今は新しいことを学ぶことが好き！　という方もたくさんいます。

　あなたがこれから学びたいこと、興味があることと、あなたの水星の星座やハウスの内容とが一致している部分はありませんでしたか？　そしたら、「それでいいんだな」と前向きにとらえて、ぜひ水星を生かして情報を集めたり、新しいことを学んだりしてみてくださいね。

　大人になっても、すごい勢いで成長したり、新しいことを身につけることは可能なのです。

### Point

☆ 水星の力はとてもパワフル！ どうやったらあなたの力がもっと活かせるか、考えてみて

☆ 成長するのは大人になってからでも大丈夫。何かにチャレンジしたいと思ったら、水星を意識してみて

CHAPTER
3

# 金星

VENUS

あなたの魅力を輝かせる
**10**の質問

## この章のねらい

美の女神が象徴する金星。

金星星座は、あなたの魅力を輝かせる鍵です。

恋愛でも、趣味でも、仕事でも、

その人の魅力が輝くほどにうまくいきます。

好きなことを楽しむとき、あなたの人生は豊かになるのです。


金星星座を知れば、

あなたはもっともっと魅力的な人になれますよ。

## 美や豊かさ、
## 喜び、好きなことなど、あなたの魅力

　金星は「明けの明星」「宵の明星」などと呼ばれ、空でひときわ明るく輝く星です。
　女神ヴィーナスの名の通り、美や豊かさを表します。女性にとっては特に重要です。
　男性のホロスコープの金星星座は、好みの女性のタイプを表しているとされます。相性を見る上で、お互いの金星に共通点があるかを知るのは大切です。

　金星の年齢域は16歳から25歳です。いわゆる青春時代で、キラキラと毎日が輝くような時代ですね。

　この頃に好きだったことは何ですか？　夢中になったことは何ですか？　どんな恋愛をしましたか？
　この頃に好きだったことは今も好きで、この頃の恋愛傾向は今も変わらない。金星はこの時代に形作った感受性をその後も残し続けて、わたしたちが金星の星座やハウスのテーマをすると、魅力がキラキラと輝くのです。

## まずはあなたの
## 「金星」について知りましょう

あなたのホロスコープから、
金曜の星座とハウスを確認しましょう。
33ページの12星座のキーワード、
40、41ページの12ハウスのキーワードを、
下線部分に書き出してみましょう。

わたしの金星は＿＿＿＿＿＿＿＿＿＿座で

＿＿＿＿＿＿ハウスです。

わたしは＿＿＿＿＿＿＿＿＿＿＿＿

することでわたしの喜びを満たします。
（12星座のキーワードを入れましょう）

また、わたしのハウスのテーマである、

＿＿＿＿＿＿＿＿＿＿＿＿＿＿＿＿

の領域を通して、好きなことや魅力を発揮し、
育んでいきます。
（12ハウスのキーワードを入れましょう）

VENUS

## QUESTION
# 過去を振り返る質問

まずは、あなたの過去を振り返って
心に浮かんだことを思いつくまま書き込みましょう。
断片的でもかまいません。

Q1. 10代後半〜20代前半に大好きで夢中になったことは何ですか？

Q2. （女性の場合）恋愛をするときはどんな傾向がありましたか？

Q3. （男性の場合）どんな女性が好みのタイプですか？

## QUESTION
# 現在を見つめる質問

次に、あなたの「今」を振り返っていただく質問です。
心に浮かんだことを思いつくまま書き込みましょう。

**Q4.** あなたの趣味や楽しみは何ですか？

**Q5.** どんなとき、どんな場所で好きなことを生かしていますか？

**Q6.** パートナーシップでは何を重視しますか？

## 金星であなたの魅力がもっと輝く

　趣味とか遊びとか、好きなこと、恋愛……金星が象徴するものは、人生に欠かせないキラキラしたエッセンスです。
　特に女性にとっては、その魅力を輝かせるのにとても重要なのが金星です。
　世の中には美しい人、魅力的な人がたくさんいます。その人たちはみな、自分の金星を発揮していると思います。
　あなたにも、「こんな風になりたい」と感じる憧れの人がいると思いますが、あなたにはその人とは違う別の魅力があるのです。
　まずは、あなたの魅力を知りましょう。
　そのヒントは、10代後半の頃から変わらずに好きなこと。あの頃に夢中になったり憧れたりしたことの中にあります。
　憧れの誰かにはなれなくても、あなただけの魅力を認めてくれる人がいれば幸せですよね。

　また、金星が表す好きなこと、楽しいことが身の回りにあふれていたり、仕事でも好きなことを生かすことができる環境にあったらどうでしょうか。
　これからの時代は、自分にしかできない何かを生み出し、自分の魅力を受け入れて発揮していく時代です。仕事でもそれをしている人がキラキラして見えるのです。

　あなたの金星の星座やハウスをチェックしてみましょう！

# 金星を活かして最高のパートナーを引き寄せる

　わたしは金星が射手座にあります。若い頃は射手座が象徴するスポーツに明け暮れ、射手座らしく、海外に憧れ、大学の学部も国際系を選びました。

　今も射手座の金星らしく、読書や海外旅行などが大好きですし、仕事で星を読んでいること、人に教えていることなども射手座の金星が発揮できていると思います。

　好きなことが仕事になっているからとても楽しいです。また、わたしは夫も射手座なので、海外旅行に一緒に行ったり、アウトドアを楽しんだりと趣味や好きなこと、楽しいと思うことが同じです。

　パートナーと趣味が同じ、楽しいことが近いといいですね。

　パートナー募集中の人は、あなたの金星を輝かせられそうな趣味の集まりなどに行ってみたり、あなたが金星星座や金星のハウスのテーマを楽しんでいると出会いやすいですよ。あなただけの魅力に惹かれる人は、そういった場所に現れやすいのです。

　実際に、占星術を通して自分の金星を押さえていたな、全然魅力を出せていなかったな、と気が付いた女性が、おしゃれを意識して、金星を活かすことを意識したとたん、素敵な彼が現れて、1年以内にゴールインしたということがあります。彼女は今とても幸せそうで、これはまさに金星の力を活かした結果だなとしみじみ思います。

## 金星星座別の解釈

### ♈ 牡羊座

恋愛をすると猪突猛進！好みの異性をみつけると一直線です。長続きしない傾向があり、つい自我を押し通そうとしてしまうため、恋愛を苦手に感じる人も多いでしょう。常に新しい刺激と楽しみを追い求め、エネルギッシュです。強すぎるエネルギーを緩和させるためにもスポーツがおススメです。ランニングとか、ジムでのボディメイクなど、身体に向き合うような運動がいいでしょう。あなたの純真な明るさに惹かれる人がおすすめです。男性は、エネルギッシュで元気な女性、健康的な女性が好みのタイプかもしれません。

### ♉ 牡牛座

堅実な相手を選び恋愛をするタイプです。美意識の高さと発達した五感を生かした仕事をするといいでしょう。美容関係、飲食関係、ジュエリーなどの物販関係などは向いています。声が綺麗な人、色白でゆったりした物腰の人も多いでしょう。おいしいものを食べ、着飾り、心地よく過ごすことがあなたの魅力を最大限に発揮するコツです。男性のあなたは、温厚な雰囲気の女性に惹かれるでしょう。美しい人をそばに置きたい気持ちも強く、経済的な豊かさやステイタスを兼ね備え、女性を喜ばせるもの、おいしいお店などに詳しい傾向があります。

### ♊ 双子座

好奇心が旺盛で、人とのおしゃべりや学ぶこと、情報に触れること、出かけることが好きです。情報、通信、メディア関係、ライター、電話オペレーターや講師業などが天職ですし、それ以外の仕事でも、イベント企画や派遣業のような、変化のある仕事が向いています。恋愛も話が合う人、好奇心が刺激される人を理想とし、友達の延長のような関係を好みます。自由に行動することを認めてくれて、おしゃべりに付き合ってくれる人でなければ辛いかもしれません。男性も、無邪気で知性的な印象の、会話をしていて楽しい人が好みのタイプでしょう。

## ♋ 蟹座

家を整えたり手作りを楽しんだりなど、大切な人のために行動することが好きで、恋愛でも意中の彼には手作りのものを用意するような家庭的な魅力があります。母性が強いゆえに彼の「お母さん」になってしまうことも。「男は胃袋でつかめ！」を地で行くタイプかもしれません。愛嬌の良さと共感力の高さがあり、ナチュラルで優しい雰囲気の持ち主です。子どもや動物をかわいがる傾向があります。好きな人にはとても甘えん坊です。蟹座の金星を持つ男性のあなたは、家庭的で優しい女性が好みでしょう。

## ♌ 獅子座

情熱を注げる趣味や活動ができると魅力が発揮されます。獅子座に金星がある人は、いかに自分を前面に出し、魅力を発揮するかが大切です。あなたが夢中になることをみつけ、華やかに着飾り、表現力を磨いていきましょう。夢中になったものを極めていくのがいいでしょう。ステージなど人前に出ることが向いています。そんなあなたを隣に置くことを喜びとし、大切にしてくれる人が理想でしょう。男性も、少し勝ち気で華のあるタイプの女性に惹かれるかもしれません。

## ♍ 乙女座

色白で華奢で、清潔感がある人が多いです。恋愛では理想が高かったり、ちょっと潔癖で、奥手な人が多くなります。また、一度恋人関係になると、献身的になりすぎて相手に合わせようとしすぎてしまう側面もあります。甘えたり心を開いたりができない傾向もあり、総じて恋愛下手です。何かを追求しようとするとマニアックに探究しだしますが、きっちりとこなそうとする分、神経質になりやすい面もあります。男性は、清潔感と品があり、一歩後ろを歩いてくれるような女性が好みかもしれません。

VENUS

## ♎ 天秤座

ファッションや人間関係におけるバランス感覚があり、社交的でモテる人が多い一方で、ビジュアルなどにコンプレックスを持つ人も多いのが天秤座です。多くはスタイルが良く、都会的なファッションが似合います。誰に対しても気が利く反面、相手に合わせすぎてしまう面があります。そうして時に傷つきながらもいろんな人と接することで、いずれは誰とでもうまく接することができるスキルとなるでしょう。人に教えたり伝えたりするバランス感覚もあり、接客業に向いていて、人気運があります。天秤座に金星を持つ男性は、気の利く、見た目もきれいな女性を好む傾向があります。

## ♏ 蠍座

セクシーでミステリアスな雰囲気の人が多いでしょう。一途にその人のすべてを愛そうとしますが、思いが強すぎるあまり、嫉妬深くなる傾向も。愛した人とは深く一体になりたい気持ちが強く、性的な欲求が強い人も多い傾向にありますが、それを素直に出せない人もいます。一度愛した人からはなかなか離れないので、騙されたりひどい恋愛経験をする人も多い傾向です。霊やスピリチュアルなど、目に見えない神秘的な世界のことに関心を持ち、のめりこむ人もいます。男性はエロティックでミステリアスな女性を好むでしょう。

## ♐ 射手座

お互いが精神的に成長できるようなパートナーシップを築こうとします。ハンター気質でもあるので、お気に入りの異性には猪突猛進なところもありますが、捕まえてしまうと飽きるのも早い傾向があります。恋愛もゲームのように楽しむ傾向があります。相手を尊敬していれば長続きするでしょう。スポーツやアウトドアも射手座の管轄ですので、一緒に旅をしたり、スポーツを楽しめる人がよさそうです。男性も、アウトドアを一緒に楽しめて、さばさばした雰囲気の女性を好む傾向にあります。いつも何かを頑張っていて尊敬できる人に魅力を感じます。

## ♑ 山羊座

とても大人びていて、まじめで良識的な青春時代を送った人が多いでしょう。恋愛も、感情的に夢中になることがあまりなく、年上の男性や、仕事ぶりが尊敬できる人などに惹かれる傾向があります。責任感と誠実さを持ち、一度誰かとお付き合いをすると、とてもまじめに関係を築こうとします。古い伝統あるものと縁があり、茶道や華道など、伝統芸能に関わったり、着物が好きだったり、古いインテリアに魅力を感じるでしょう。男性も、社会的な良識があるしっかり者の女性を好む傾向があります。

## ♒ 水瓶座

中性的で個性的な雰囲気の人が多くなります。社会の枠やルール、他人に縛られるのを嫌がるので、恋愛でもさらっとした関係を好みそうです。男女とも、常識にとらわれず自分の個性を生かして自由に生きる強さのある人に惹かれるでしょう。インターネットなどの情報通信技術を通して、世界中に友達がいる人もいます。偏見が無いので海外の人との結婚や、事実婚、週末婚といった少し変わった恋愛や結婚を好む人もいます。この方々は恋愛でも結婚生活でも、縛られるのを嫌うので注意しましょう。

## ♓ 魚座

癒し系のふんわりした雰囲気を持ち、印象がとてもよくモテる人が多い傾向です。誰でも受け入れようとする代わりに、ストーカーに遭ったり、騙されたり、依存されることもあります。芸術的な力や癒しの力を持っているため、そういった目に見えないものを扱う活動をされるといいでしょう。見えない世界の情報、インスピレーションを受け入れてみて。男性も、癒し系の人が多く、そういう女性が好みでしょう。どんな自分も受け入れてくれる優しい雰囲気の人、芸術的な感性のある人に魅力を感じます。

## 金星のハウス別解釈

**1 HOUSE**
見た目が美しい人、バランスの取れている人が多い配置ですが、場合によってはそれに劣等感を感じる、という出方になる人もいます。素直で社交的で気の利く親しみやすい方が多いです。人によっては、色気がとっても強い場合も。生まれたときの環境に恵まれている人も多くなります。自分自身に対しても、好きなこと、楽しいことを素直に行動に移すことを許可できます。

**2 HOUSE**
お金や価値を表すハウスなので、好きなことや自分の感性、才能を生かして収入を得る、ということを暗示します。もしくは、社交や財力のある人との交際を通して得る場合もあります。いずれにせよ、商才があり、経済的な豊かさに恵まれやすい人です。

**3 HOUSE**
おしゃべりや情報集め、学ぶことなどが好きになるでしょう。あちこち出かけたり、芸術的な能力があり、それを伝えたり教えたりすることで知性が発揮される暗示です。文才があり、それを仕事にする人もいるでしょう。

**4 HOUSE**
家が好きな人が多いです。幸福で仲の良い家庭で育ったかもしれません。もしくは晩年がとても幸福で平穏かもしれません。庭や家の中を花などできれいにすることが楽しいタイプが多く、室内装飾やインテリアデザインの才能がある人もいます。不動産に幸運がある場合もあります。

**5 HOUSE**
芸術や装飾などといった、創造的なものに関わることに喜びや関心を見出します。恋愛も幸福なものになりやすく、子どもにも恵まれる（授かりやすい）傾向です。遊びが好きなため、快楽や恋愛に溺れやすい面があります。人前に出て自己表現をする素質があるので、タレント性があり、演技などに向いています。

**6 HOUSE**
仕事や雇用関係、健康などを表すハウスです。ここに金星があると、職場でかわいがられたりして職場環境に恵まれ、楽しく仕事ができます。健康状態が良く、健康関係の取り組み（食事、自然療法、美活など）が趣味や楽しみになる人もいます。職場で出会い結婚に繋がる傾向があります。

## 金星が入ると、そのハウスのテーマが楽しく豊かなものになります

**7 HOUSE**
人間関係に恵まれる暗示です。人から可愛いがられ、社交的で人気運もあります。恋愛や結婚にも恵まれやすく、本人も結婚や恋愛に対して憧れが強い傾向があります。仕事でも人から引き立てられやすく、誰かと協力し合いながら取り組むとうまく行きます。

**8 HOUSE**
結婚後の夫婦生活（性生活）が安定し、満ち足りたものになります。親族関係にも恵まれ、財産を受け継ぐなどしやすい暗示です。他者の深層心理や目に見えない部分に興味があり、丁寧に人と向き合います。霊やオカルト、神秘的な世界や死後の世界に関心を持ち、そういったテーマを好む人も多いでしょう。

**9 HOUSE**
海外、宗教、哲学、精神といった分野に興味を持ちます。広い世界に憧れ、冒険を好みます。海外に長期にわたって住む人も多くなります。何かを専門的に深く学ぼうとするので、大学などの高等教育に携わったり、人に何かを教えることにも向きます。旅先や教育機関などで出会いやすい傾向があります。

**10 HOUSE**
好きなことを仕事にすることができるという暗示です。若い女性相手の仕事や美や芸術に関わるような仕事にも向いています。社会的に恵まれ、成功しやすく、目上の人からの助けも得やすい配置です。社会的に恵まれているので、専業主婦など家庭にこもるのは向いていないでしょう。

**11 HOUSE**
友達関係や仲間に恵まれ、好かれる傾向があります。恋愛も、友達や仲間から発展しやすくなります。共通の趣味や関心がある人同士で暖かい交友関係を結ぶことができます。SNSなどインターネットを使ったコミュニケーションも楽しくなりますので、人気のインスタグラマーなどになれるかも。

**12 HOUSE**
目に見えない領域、癒しや芸術、スピリチュアルといった活動に興味を持ち、適性があります。一人でいるのを好み、内気な人が多い傾向です。内にこもって何らかの作品作りなどをするのが向いています。不倫などといった、隠れた秘密の恋愛を体験する人も多いのが特徴です。

## QUESTION
# 未来をつくる質問

最後に、あなたの「未来」についての質問です。
心に浮かんだことを思いつくまま書き込みましょう。

**Q7.** あなたの好きなこと、あなたの魅力を生かすために、仕事や日々の生活の中でどんなことができると思いますか？

**Q8.** （パートナーがいる方）
どんなことをパートナーと一緒に楽しみたいですか？

Q9. （これからパートナーと出会いたい方）
あなたの魅力を理解してくれるパートナーはどんな人だと思いますか？どんなパートナーシップが理想ですか？

Q10. あなたの金星星座を知って、気が付いたこと、取り組みたいことはありますか？

# モテる人、恋愛が苦手な人

　恋愛が苦手だったり、男の人が怖い、自分をさらけ出せない……という人もいると思います。反面、すごくモテる人っていますよね。そういう違いも、占星術でわかったりします。
　女性は特に、金星の表す魅力を発揮することが大切なのですが、金星星座が牡羊座、蠍座、乙女座の人は恋愛が苦手で、牡牛座、天秤座、魚座の人は金星のエネルギーが強くて女性としての魅力が強いとされます。
　世の中不公平だわ！と感じますか？
　それでも、一般的に「モテる」ことと「幸せ」って別の話なんだと思うのです。
　例えば男性に執着しやすくて傷つきやすい蠍座の金星の方は、それに応じてくれるような器の男性と出会えばいいわけだし、自分に厳しくて奥手になりやすい乙女座の金星の方も、その謙虚さを愛してくれる人に出会えばいい。
　逆に、癒し系でモテモテと言われる魚座の金星は、ストーカー行為に遭う星座No.1ともされていますし、金星のエネルギーが強いと、高根の花だと思われて敬遠されやすかったりもします。
　モテると確かにラッキーで楽しいかもしれませんが、最も大切なのは、自分にぴったりはまる人と出会うこと。自分の魅力を認めてくれて、大切にしてくれる唯一の人に出会えることだと思っています。
　そのためにはまず、あなた自身があなたの魅力を認めて、それを

活かして生きていくことだと思います。

　わたしも男勝りの射手座の金星ですが、「頑張って生きているところ、成長しようとしているところがいい」といってくれたのが今の夫でした。
　パートナーシップは、人生を楽しく豊かにするための重要なテーマですが、あなたの金星を知り、その魅力を輝かせれば、たとえ多くの人からモテなくても、あなただからいいと思ってくれる運命の人には出会えるのです。

---

### Point

☆ 仕事でも、恋愛でも、金星の力を使ってあなただけの魅力を発揮させることがうまくいくことにつながります

☆ 女性らしいかなんて気にしなくていい。まずはあなたが自分の魅力を認めてあげて

## CHAPTER 4

# 太陽
## SUN

人生の目標を見つける
**10**の質問

## この章のねらい

太陽はこの太陽系の軸で、
唯一自らが熱を発して輝く「恒星」です。
太陽の星座やハウスは、
あなたの目的意識、
純粋な創造の力などを表します。
太陽を活かせない人生というのは、
生命力がない人生。
中心の「熱」のない人生になってしまいます。
あなたの人生の目的、
生きる輝きの源を知りましょう。

## あなたの命の輝き

　太陽の年齢域は26歳から35歳です。今この本を読んでくださっている人の中には、ちょうど太陽の年齢域にあたる人も多いかもしれません。
　太陽は人生の目的、目標、純粋な創造力です。金星が楽しいとか、好き、といった感情、芸術的な感性で輝くテーマだとしたら、太陽はもっと社会性があって、「これを成し遂げる！」みたいな、自己実現に近い命の輝きです。
　太陽に向かって伸びていく植物のように、わたしたちは太陽の星座やハウスのテーマに向かって伸びていこうとします。
　20代半ばまでは金星の年齢域であり、わたしたちは自分の「好き」で進路を決めようとします。
　ですが、20代の後半になると、「好き」よりももっと本質的な、自分の命を投げ打ち、人生をかけて達成したいこと、といった太陽のテーマを考えるようになります。
　そんな風に、金星から太陽へテーマが変わる26歳頃に、転職、結婚など、人生の転機があった方も多いのではないでしょうか。

　太陽の年齢域の最中の人やまだ金星の年齢域以下の方にとっては、振り返りにならないかもしれませんが、当てはまらないものは飛ばしていただき、これからの方は最初から未来に向けたものとして問いかけてみてください。

## まずはあなたの「太陽」について知りましょう

あなたのホロスコープから、
太陽の星座とハウスを確認しましょう。
33ページの12星座のキーワード、
40、41ページの12ハウスのキーワードを、
下線部分に書き出してみましょう。

わたしの太陽は＿＿＿＿＿＿＿＿＿＿座で

＿＿＿＿＿＿ハウスです。

わたしは＿＿＿＿＿＿＿＿＿＿＿

することで目的に向かい、命を輝かせます。
（12星座のキーワードを入れましょう）

また、わたしのハウスのテーマである、

＿＿＿＿＿＿＿＿＿＿＿＿＿＿＿＿

の努力をし、自分の目的を達成していきます。
（12ハウスのキーワードを入れましょう）

## QUESTION
# 過去と現在を振り返る質問

まずは、あなたの過去と現在を振り返って
心に浮かんだことを思いつくまま書き込みましょう。
断片的でもかまいません。
26歳以下の方は、これからやりたいことなどを考えてみてください。

**Q1.** 26歳頃に転機はありませんでしたか？

---

**Q2.** 26歳〜35歳頃に最も頑張っていた（いる）ことは何ですか？

---

**Q3.** 35歳までに叶えたかったこと、もしくはこれから叶えたいことはありますか？それは叶えることができましたか？

Q4. あなたが「自己実現」として描く姿、こうなりたいと思う姿はどんなものですか？

Q5. （女性のみ）理想の結婚相手、もしくはご主人に望むものは何ですか。

Q6. 仕事などの社会的な方向で、今頑張っていることはありますか？

Q7. 逆に今、本当だったらもっとこんなことをしてみたいことはありますか？

## 女性が太陽を生きること

　女性は、25歳までの金星エネルギーへの同調が強いので、26歳以降に太陽への意識のシフトが難しい傾向にあります。

　太陽の年齢域の26歳から35歳というのは、結婚を意識する年でもあり、家庭に入る女性も多くなります。すると、「社会で何かを達成する」という太陽のテーマを自力で成し遂げることが難しい場合が多々あります。

　もちろん、家族のサポートをすることや、生活を整えることそのものがその人の目的意識や達成したいことと一致する場合もあるでしょう。

　そうでない場合、太陽は「内なる夫」を表すこともあり、結婚相手のパートナーに自らの太陽を投影することもあります。

　社会で自分自身が成し得たいことを無意識にパートナーに代行してもらおうとするので、ともすれば価値観の押し付けのようなことが起こりやすくなります。

　それは、女性が社会で自己発揮しにくいという現状もあって起こる悲劇ではあります。

　本当は女性も、自分自身が成し遂げたいことは自分でやるほうがいいのです。そうして何かを頑張っている姿が、パートナー同士にとっても学びとなり、刺激となる。そうやって相乗効果を生み出す形が理想ではないでしょうか。

# 太陽星座別の解釈

## ♈ 牡羊座

猪突猛進に行動するタイプですが、企画力やリーダーシップがあり、仕事などでは頼りがいがあります。決めて行動するまでがとても速くいろんな人を巻き込むので、この方の周りはいつも賑やかです。根本的に「自分を知る」ということを願い続けている面があり、この方が自分を主張したり、アイデアを言ったり、行動的なのは、そうすることで世界からのリアクションを手に入れることができ、そうしてようやく自分を知ることができるからでしょう。ただし、継続力に欠ける面があります。

## ♉ 牡牛座

自分の中に眠る才能を発揮することが人生のテーマです。仕事でも、自分の感覚、五感を生かして何かをするといいでしょう。物の価値観もわかる方なので、商売全般、特に食や日常生活に関わるテーマや物品の販売などが向いています。家系や地域社会とのつながりも強いので、家系が担ってきたことや、地域の伝統的なことに携わる可能性もあります。物質的、経済的な豊かさを着実に得ることもできるでしょう。頑固な面があるので、柔軟さが身に着くとさらに生きやすくなるかもしれません。

## ♊ 双子座

2つ以上のことを同時にこなすことができます。逆をいうと、一つのことだけを続けさせられることが苦痛です。言語感覚に優れ、話をしたり、人に伝えたり、書いたりするのが得意でしょう。記者やライターに向いています。伝わりやすい言葉で多くの人に伝えることができるからです。あちこち出かけるのも性に合っています。好奇心が旺盛で、たくさんの人と交流し、いろんなことを知り、伝え、教える。そんな能力をぜひ生かして行きましょう。

## ♋ 蟹座

家でも職場でも、「お母さん」のような立場になりやすいでしょう。男女とも思いやりがあり、共感力が高く、家庭や職場などの居場所を整え、人を育てようとします。小動物や子どもが好きな人が多く、生き物、女性、子どもなどと関わる仕事をする人も多くなります。愛嬌があり庶民的で親しみやすく、性別や世代を問わず多くの人にかわいがられるでしょう。大切な人を守ることが蟹座の生きがいですが、心の枠や境界線を作る傾向があるので、敵だと思ったらズバっと切り離す面もあります。

## ♌ 獅子座

太陽が獅子座にある人は、自分の自尊心をどのように満たすかを長い時間かけて模索する傾向があります。人前に出たり、自分にしかできないことを発揮したいという願いがありますが、他の天体のテーマを優先事項にしたり、他者の眼を気にするなどしてその願望を押さえることも。他者や世間との折り合いに苦しむかもしれませんが、情熱を傾けることのできることで人からの注目を浴びること、あなたにしかできないことができると有意義です。更にはそれが社会や他者の役に立つとより生きいきと輝くことができるでしょう。

## ♍ 乙女座

真面目で貢献感が強く、他者のために一生懸命になることができます。知性も高く、最高の補佐役としての能力を社会で役立てる人も多いでしょう。医療・健康関係や福祉関係も適任ですし、特定のものを突き詰めるような、技術者や職人にも向いています。神経質になりすぎて身体を壊すこともあるので、癒しや目に見えない世界にも関わるといいでしょう。自然や他者の身体や心の中に、目に見えない何らかの力があること、それに感謝しながら生きることで心身共にバランスの取れた健康を手に入れることができるのです。

## ♎ 天秤座

洗練されたバランス感覚があり、人とかかわる仕事、デザインや美に関わる仕事全般に向いています。他者の引き立ても多くある反面、他者からの影響を受けやすく、自分の意志が分かりにくくなる傾向があります。それでも、多くの人の考え方を通して世界をみつめることで、あなた自身も成長していき、バランス感覚や思いやり、社会性などを身につけていきます。他者を鏡にしながらも、「自己成長」の視点を見失わないようにしましょう。

## ♏ 蠍座

命の奥深くの真実を見ようとしますので、命の継承に関わる深いパートナーシップ、性愛、死、目に見えない世界を探求しようとします。相手に深く入り込むため、一度愛した人を愛しぬこうとするでしょう。同様に、一度所属した場所、信頼した人とは死ぬまで共にいようと思う質があります。これがうまく行くと、人のものを上手に活かし、所属している場所にも無くてはならない人物となりますが、執着や執念にも傾きやすい面があります。

## ♐ 射手座

精神的な成長や社会の理想を探求する星座です。海外、精神、宗教、哲学といった分野に興味を持ち、専門的に学び、人に教える人も多いでしょう。射手座の願いは世界をもっと知りたい、自己を成長させたい、ということ。冒険家であり、ゴールまでの最短距離を模索したり、チームプレイも得意とする戦略家です。明るく直観が冴えていて、何かへの探求心や興味関心が薄れることはあまりなく、少年のような澄んだ目で世界や宇宙を眺めます。「叡智」を持つことを象徴する星座です。スポーツにも縁が深いとされます。

##  山羊座

社会を見つめるバランス感覚や時間を使いこなす感覚が優れていて、これくらいの時間をかければこれだけ達成できるだろう、というのが手に取るようにわかるため、時間をかけてきっちりと物事をこなし、達成し、社会的に完成させます。長く続く伝統的なものを好み、その継承者になる場合もありますし、自分が作り上げたものが長く残るようにしていくことも得意でしょう。ビジネスセンスが抜群にあり、社会での成功者、経営者、管理者等に多くいます。一方で権威主義、結果がすべて、という思想に陥りやすく、組織の人を愛し育む感性を育てることができないとワンマンとなり、周りの助けが得られなくなるので注意が必要です。

##  水瓶座

社会の枠やルールにとらわれず、より良くしよう、自分ならではのことをしようという気持ちがあります。仕事では、枠にとらわれない働き方を好み、フリーランスとして活動する人が多いでしょう。電気通信関係などの新しい技術を扱うことを得意とし、技術者になる傾向もあります。ただし、太陽の力が弱い季節に生まれているため、自分が本当にやりたいことを見つけるのに苦労する人も多くいます。物事を俯瞰的に見る目がありますが、自己の情熱と世界への貢献とがうまくマッチする役割を見出せるといいでしょう。

##  魚座

芸術、癒しといった、目に見えないものを扱うことが魚座のテーマです。または、お酒や紅茶、麻酔なども魚座的なものとなります。全てではなくても、仕事の一部としてでも、心や芸術、スピリチュアルを取り入れるといいでしょう。良識や型にはめられないところがあるので、社会生活を営みにくいような生きにくさを感じる傾向もあります。どんな人も受け入れようとしてしまう質があり、人の傷みを自分のことのように引き受けてしまう傾向があるため、その線引きをしていく意識を磨く必要があります。

## 太陽のハウス別解釈

**1 HOUSE**
生命力や意志力のある人です。自信と活力に満ちていて、他人に左右されずに自分の道を進もうとします。世間に自分の個性や能力を打ち出し、エネルギーのあふれた人です。そうして自分を打ち出すことで、自分を確認したいという思いがあります。身体を動かすことが好きな人が多く、健康的です。

**2 HOUSE**
自分の中にある才能や感覚（五感）を使って、経済的に成功しようとします。物の価値が分かり、財力を持とうとするか、経済力のある家庭に生まれる人も多くいます。金銭の獲得願望が強く、自力で所得を得る手腕があります。お金を得ることそのものが楽しいと感じる人が多いでしょう。

**3 HOUSE**
人とのコミュニケーション、言葉を扱うことを通して目的を達成しようとします。学んだり、伝えたり、出かけたりしながら、多才な力を身につけていきます。教育に携わる人も多いですし、ライターや広告マスコミ関係の仕事に携わる人も多くいます。好奇心旺盛で、難しいことでもわかりやすく伝えることが得意です。

**4 HOUSE**
家庭・家系、両親からの影響が強く、家を継ぐことが多くなります。安定志向で、家や両親に守られていますので、家の職業や土地、不動産を継ぐことで、結局は豊かさを得たり目的を達成したりしやすくなります。家計の仕事ではないとしても、家や不動産関係の仕事、自宅が職場になるような仕事をする人も多いでしょう。

**5 HOUSE**
遊びや恋愛、娯楽などが好きな傾向があります。子どもを表すハウスなので、子どもが好きな人も多いですし、子どもに関する仕事をする人もいます。創造性があり、自分の好きなことから何かを生み出すことを喜びとします。投機や勝負事を好む傾向もありますので、行きすぎにならないように注意したいところです。

**6 HOUSE**
実務能力が高く、人を補佐したり、医療福祉関係など奉仕するようなお仕事が向いています。仕事にエネルギーを注ぎますが、基本的にタフで体力もありますが、若干神経質な面もあります。身体や栄養のことに関心が高く、興味を持ったことは突き詰める傾向があります。

## 太陽が入ると、そのハウスのテーマを目指し、そこで命を輝かせようとします

| | |
|---|---|
| **7 HOUSE** | 人間関係の影響からたくさんの学びがある配置です。人とかかわることに課題もありますが、恵みもあります。仕事や家庭のパートナーに左右されやすい面があると同時に、人に引き立ててもらったり、結婚によって繁栄する面もあります。恵まれている部分は感謝して受け取ると同時に、自分も見失わないようにしていくバランス感覚を身につけることが課題です。 |
| **8 HOUSE** | 人の死やパートナー、親族との絆、目に見えない霊的な世界などを通して様々なことを学びます。心理学や目に見えない世界、性的な領域に関心を持つでしょう。仕事は、カウンセリング、病院関係など、人の心や命にかかわるか、保険や金融、投資関係など、他人のお金や「継承」に関係する可能性もあります。 |
| **9 HOUSE** | 精神、宗教、哲学などに関わるハウスなので、そういった分野での開拓者、有名人となる素質があります。海外など広い世界にあこがれるので、日本に住まない可能性も。高い理想を掲げ、研究心があるため、高等教育に携り、何らかの専門家になる人も多いでしょう。 |
| **10 HOUSE** | 社会で成功し、何らかのキャリアや権力の獲得を達成する人が多くなります。コツコツと努力ができ、内なる権威者意識が高いので、誰かに憧れるということが無く、自身がただ何かを成すことに集中します。人を指導したり、管理するのも得意になるので、経営者としても有能です。 |
| **11 HOUSE** | いろんな人と一緒に面白いこと、革新的なことをしたいという気持ちが強く、インターネットなどを使って、グループ活動や団体活動をする人が多くいます。仲間との活動では、その中心になり、けん引する場合が多いでしょう。友人や知人が多く、仲間から多くを学び、助けあいながら生きることに喜びを感じるでしょう。 |
| **12 HOUSE** | 余り表に出ることを好まず、隠遁者のような生活をしたがる傾向があります。芸術やスピリチュアルのような、目に見えないものを扱うことをするかもしれません。本人は表に出ることは好まなくとも、発表したものやその作品は広まる力があります。内側の世界はとても広く充実した方です。 |

## 太陽の願いは「あきらめない」

　太陽の解釈を読んでみていかがでしたか？
　あなたが成し遂げたいことと一致していましたか？
　わたしの場合、太陽は山羊座で2ハウスです。「仕事で成功し、豊かさを得る」というのが目標だと読めます。わたしは26歳で結婚し、30歳まで専業主婦をしていたので、太陽が表すものとまったく違うことをしていました。今思うと、当時の夫に自分の太陽を投影して、「安定した上場企業に勤める人の奥さん」という形で叶えていたんですね。

　30歳になる直前に離婚し、33歳で再婚。同じ頃に占星術に出会って人生が一転しました。翌年には占星術で独立し、35歳で会社を設立しました。そうして、社会人としても、占星術師としても「成功した」と言えるレベルになりました。本当にギリギリ、太陽の年齢域のうちに、太陽の星座とハウスのテーマを実現させたことになります。

　太陽の星座やハウスの解釈を読んでみて、今のあなたでは手が届かなそうな印象を持つ人がいるかもしれません。でも、本当は魂レベルではそれを望んでいるのではないかと、ご自身に問いかけてみてください。

　もしも、「確かにそうなれたらいいな」と感じるのなら、「星が、ホロスコープがそうなのだからきっとできるのだ」と信じてみてくださいね。

QUESTION

# 未来をつくる質問

最後に、あなたの「未来」についての質問です。
心に浮かんだことを思いつくまま書き込みましょう。

**Q8.** 太陽の星座やハウスの解釈を読んで、どのように感じましたか？自由に書き出してみてください。

**Q9.** （女性の方）パートナーに投影していたかもしれない、あなたの目的意識（太陽）の要素はありそうでしたか？

**Q10.** あなたの太陽をより輝かせるために、今後、具体的にどんなことができそうですか？

## あなたの生命力を輝かせよう

　太陽は、人生の目標や目的意識です。
　これまでに何度も、「わたしは何のために生まれたのだろう」「何のために生きているんだろう」と考えたことはないでしょうか。
　今日あなたが知った、生まれたときの太陽が表す目的の方向に舵を切って生きると、この先この疑問を感じることは少なくなるのではないでしょうか。

　目指す方向に向かっているとき、わたしたちはその道のりを楽しむことができます。
　太陽の目的意識を生きることはとても重要で、このために、今までやってきた水星も金星も、アップデートさせることができます。目的がはっきりしていれば、「どうすればいいだろう」と日々考え学び、創造力や感性、好きなことなど、あなたの能力を使っていこうとするからです。
　この後に行う火星や木星のワークも、太陽が表す人生の目標を獲得できていないと、うまく発揮されません。

太陽をしっかり使うと、命の力、生命力がキラキラと輝きます。どんな動植物も、イキイキとしていると美しいものです。そんな、内側から輝く生命力の源が太陽なのです。

　あなたの命の輝きは、あなたにしか発揮できません。
　そして、太陽の輝きはいつまでも絶えることがありません。これをクリアしたらまた次の目的、次の目標……と目標をアップデートさせることができます。

　自分にしかできない「生きがい」「役割」と思えるものに出会うために、太陽の星座やハウスの方向性に舵を切りましょう。

### Point

☆ 太陽が表すのは、人生の目的。女性は男性に投影しがちなので、自分で行うように気を付けてみて

☆ 太陽はあなたの命の輝きそのもの。今、自分らしく生きてないと感じるなら、太陽の力を取り戻して

CHAPTER
5

# 火星
MARS

行動力を高める
**10**の質問

## この章のねらい

火星のキーワードは、
意志力、実行力、勇気、権力。
火星は、「怒り」「争い」などと同時に、
「勇気」や「自立」といったものを象徴します。
この世界にはどうして、
怒りや争いといったものがあるのでしょうか。
ポジティブとネガティブは両極性を持っていて、
怒りは何かのエネルギー源にもあります。
大切なのは「どう使うか」です。
この章ではどの星よりも、「どう使うか」が
重要な火星の力を生かす方法をお伝えします。

# 火星は使い方が難しい

　夜空で赤く輝くイメージから、古来より火や争いを連想させてきたのが火星です。火星は、怒り、争い、事件や事故などのネガティブな形で出てしまう場合もありますし、勇気、社会での自立、獲得すること……のようにポジティブな形で発揮できる場合もあります。

　だから、火星の力は「どう使うか」が特に重要なのです。

　火星の年齢域は36歳～45歳です。

　この頃私たちは、社会でいう「働き盛り」。とてもエネルギッシュになる時期でもあります。女性ならスポーツや社会活動にエネルギーを向けることもあるでしょう。

　また、火星は太陽系の位置関係から見ても、最初の地球の外側の天体です。火星の意識に向かうことでようやく、自分を成長させ、自分の枠を破ることができます。だからこそ、火星の年齢期は「失敗」もつきものです。でも、失敗はチャレンジをした証です。

　火星の星座やハウスを見ることで、あなたがどのようにしてこの社会で自己発揮したいのか、何を獲得したいのかがわかります。

　太陽よりもさらにエネルギッシュで、チャレンジングなのが火星です。社会で自己発揮できている人は皆、火星を使いこなしています。

　さぁ、あなたの火星を知っていきましょう。

# まずはあなたの
# 「火星」について知りましょう

あなたのホロスコープから、
火星の星座とハウスを確認しましょう。
33ページの12星座のキーワード、
40、41ページの12ハウスのキーワードを、
下線部分に書き出してみましょう。

わたしの火星は＿＿＿＿＿＿＿＿＿＿座で

＿＿＿＿＿＿ハウスです。

わたしは＿＿＿＿＿＿＿＿＿＿

することで、社会で自己発揮し、自立します。
（12星座のキーワードを入れましょう）

また、わたしのハウスのテーマである、

＿＿＿＿＿＿＿＿＿＿＿＿＿＿＿＿＿＿＿＿

の領域が、社会で自己発揮していきます。
（12ハウスのキーワードを入れましょう）

## QUESTION
# 過去と現在を振り返る質問

まずは、あなたの「過去」を振り返って
心に浮かんだことを思いつくまま書き込みましょう。
断片的でもかまいません。

Q1. （女性の場合）あなたの好みの男性のタイプは？

Q2. （男性の場合）あなたは意中の人をゲットしようと思うとき、どんな行動をしますか？

Q3. 怒るとどんな風になりやすいですか？　また、どんなことに怒りを感じやすいですか？

Q4. この世界に対して、怒りを感じるテーマはありませんか？ こういうことが社会をダメにしているとか、この世界のこういう部分が嫌いだ、と感じることを書いてみてください。

Q5. 上記を踏まえて、この社会をより良くするために、あなたにだからできるかもしれないこと、あなたが成し遂げたいことはなんですか？

Q6. あなたが嫉妬を感じるほどに素敵だと思う社会人や歴史上の人物はいますか？ また、その人のどんなところが素敵だと思いますか？

```
┌─────────────────────────────────────────────────┐
│                                                 │
│                                                 │
│                                                 │
│                                                 │
└─────────────────────────────────────────────────┘
```

Q7. 自分のこういう理念や正義だけは、誰にも曲げられない！というものはありますか？

```
┌─────────────────────────────────────────────────┐
│                                                 │
│                                                 │
│                                                 │
│                                                 │
└─────────────────────────────────────────────────┘
```

# お互いが自立した
# パートナーシップのために

　女性のホロスコープの中の火星は、好みの異性のタイプを表すとされます。言い換えると、太陽以上に女性が男性に自己投影しやすいのが内なる火星なのです。

　わたしの場合、火星は山羊座で仕事のできる男性が大好きです。今の夫も、太陽星座が山羊座で、社会人としてかなり有能です。家でもよく、仕事の話をしていますし、相談に乗ってもらったりとお互いの仕事を応援しあっています。

　そんな風に、自分の火星をある程度満たしてくれる男性だと嬉しいですね。ですが、あくまでも社会で自己発揮をしたい、成功したいのは自分自身。

　女性も、自分の火星を使えていると、自立しあいながら助け合えるパートナーシップを営むことができます。

　自分の中の火星のテーマを自分でやらずに、パートナーを通して満たそうということを無意識にしてしまいがちなのですが、そうなっていないか、ぜひ気にしながらご自身の火星やハウスの解釈を読んでみてくださいね。

## 火星星座別の解釈

### ♈ 牡羊座

火星が牡羊座にある人は、大変エネルギッシュです。勇敢でパワフルな方が多いですが、感情的な点火も早い傾向があります。仕事やスポーツなどでエネルギーを上手に発散、調節するといいでしょう。何かを手に入れる力、スタートダッシュの力は12星座No1です。女性は、ワイルドでちょっと強引な男性に惹かれる傾向があります。自分の中の活気や闘争心をうまく扱えないと、男性からの暴力やパワフルすぎる男性に振り回されるといった出来事として投影しやすくなります。

### ♉ 牡牛座

粘り強くコツコツと努力して、金銭的な富や価値あるものを手に入れようとします。起業して商売を始める人も多いでしょう。その場合、美しく、物質的な価値のあるものを扱おうとします。そういったことに情熱を持って取り組むので、一財を成す人も多くなります。女性の場合、ステイタスのある人、食べ物の好みが一緒だったり、経済的にも安定した生活を保障してくれそうな男性に惹かれる傾向があります。

### ♊ 双子座

知識欲が強く、議論を好む傾向があります。時に言葉が強くなることがあるので要注意かもしれません。交友関係が広く、情報を集めることが得意です。記者、ライターなどのマスコミ関係など、いろんな場所に行って、いろんな人に出会うような、好奇心の満たされる仕事が向いているでしょう。多才になりすぎて、自分が何屋さんかわからなくなる傾向も。女性の場合、話をしていて楽しい人、知性的な人を好むでしょう。

## ♋ 蟹座

家族、子ども、動物関係、その他大切なものを守り育むことに情熱を燃やします。反面、一度敵とみなすと、バッサリと切る傾向も。大切に思う人がバカにされたりひどい目に遭ったら本気で怒りますし、フラストレーションをため込みやすい性質も。恋愛では女性を大切にしてくれるでしょうし、いわゆる「イクメン」になる傾向が。女性の場合、育児に情熱を注いだり、動物愛護活動やPTAなどの地域活動、子育て支援活動に取り組むかもしれません。

## ♌ 獅子座

人前に出ることを好みます。華があり目立つでしょう。自分の名前で独自の活動をしたいタイプなので、役者のように舞台に立つ人、アーティストやクリエイターにも多いです。1匹狼タイプで自分独自の活動をします。自分の中の純粋な子どものような心、ドクドクと湧き上がる喜びや情熱を生きる感覚を表現することができると人生が充実します。恋愛でも、目立つ、華のある人に惹かれる傾向があります。

## ♍ 乙女座

分析し、訓練することに情熱を注ぎます。頭が良く、マメで手先が器用で、職人や技術者になるタイプです。他者の役に立つことに生きがいを感じ、健康、医療・福祉系の仕事に関わる人も多くなります。ハードワーカーになりやすく、行きすぎると神経系や精神系の疾患が出やすくなります。完璧主義で物事に批判的になりがちです。気持ちをリラックスさせて穏やかに過ごす時間を作るようにしましょう。

## ♎ 天秤座

スマートで上品な雰囲気を持ち、ハイセンスでオシャレな人が多いです。社会での自己発揮が苦手になりやすく、人の補佐をしようとします。気が利く点ではNo1ですが、周りの目を気にしすぎて自分が何をしたいのかわからなくなる傾向も。人と人を繋げるような、天性のバランス感覚を生かした仕事に適性があります。「美しいもの」が好きで、そういったことに関わるとうまく行くでしょう。恋愛でも相手に合わせようとしがちです。

## ♏ 蠍座

何かを深く探求し、特定の人とも深く一体になろうとします。その情念の強さが嫉妬や執着にもなりやすく、怒りもマグマのように続く傾向があります。その情念のようなものを、何に向け、どう昇華していくかが重要なテーマです。所属する組織のためなのか、仲間のためなのか、ハウス毎の解釈から考えてみましょう。恋愛では、一度決めた相手としっかりと添い遂げようとし、相手の清濁併せのんだ美しさを受け止める器があります。

## ♐ 射手座

探求心が強く、冒険者です。世界の真実を探求したい、世界の風景を見たい、精神性を高めて成長したい、という気持ちがあります。海外で働いたり、海外に関わる仕事をしたり、専門性を磨いてそれを教え伝えることもするかもしれません。スポーツやアウトドアも好みます。なんでも果敢にチャレンジする気持ちは恋愛にも出ますので、自分が狙った人を射止めようとする時が一番楽しい、というタイプです。成長しあえるパートナーが理想です。

## ♑ 山羊座

バリバリの経営者や実業家タイプが多くなります。具現化する力は12星座イチで、野心や成功したい、結果を出したいという欲求が高くなります。他者からも、有言実行の姿勢が信頼され、他を圧倒するほどに仕事ができる人が多いのが特徴です。社会への怒りや正義が原動力になる人も多く、社会をより良くしようと願うでしょう。女性は男性にその欲求を投影せず、自分が社会で活躍するように心がけたほうがうまく行きます。

##  水瓶座

個性を発揮し、社会をより良く刷新したいという欲求があります。メカに強く、エンジニアやプログラマーになる人も。既存の枠やルールに縛られない自由を求める気持ちがあり、仕事でもフリーランスなど独立志向が強いでしょう。誰とでも分け隔てなく接する代わりに縛られるのを嫌うため、結婚に前向きにならない人も。視野が広く、他の人よりも俯瞰して世の中を眺める力があります。女性は自由で独創的な生き方の人に惹かれるでしょう。

##  魚座

直感、芸術、スピリチュアル、癒しなど、目に見えないものを扱う能力に長けていますので、その能力を仕事などでも生かすといいでしょう。お酒も魚座が象徴するのですが、酒豪の人も多くなります。他者に感情移入しやすく、誰でも受け入れようとし、うまく境界線を引けない面があるため、恋愛で面倒を起こしたり、人に騙されやすい傾向もあります。女性は優しく、包容力があり、芸術的な感性を持った人に惹かれやすい傾向があります。

## 火星のハウス別解釈

| | |
|---|---|
| **1 HOUSE** | 筋肉質な人が多く、大変エネルギッシュです。闘争心も強いので、アスリートにも向いています。身体を鍛えることが好きな人も多く、ジムに行ったり走ったりなどするといいでしょう。勇気があり、困難にも立ち向かう強さがあります。野心があり、いろんなことに果敢に挑戦しますが、せっかちな面もあるかもしれません。 |
| **2 HOUSE** | お金のハウスなので、金銭的な部分で努力する、と読めます。自身で価値を生み出しお金を得る、自分自身が情熱を注げることで収益を出してくために努力するでしょう。マイナスに出ると所有欲が高くて浪費的になります。不動産や物の価値を見る目を養えるので、そういったもので収益を得る人もいるでしょう。 |
| **3 HOUSE** | 決断力が高く、独立心があり、フットワークがとても軽い方です。知識を得たり、それを他者に伝えることに情熱を注ぎ、冒険心のある活動家になります。議論を好む傾向もあり、人を言葉でやり込めるのが得意な面があるので、「口は禍の元」にもなりやすいですが、言葉に圧倒的な存在感があり、社会に向けた主張としてその能力を生かすといいでしょう。 |
| **4 HOUSE** | 火星の「争い」という点からすると、家庭を表すハウスなので、争いの多い家庭で育った人が多い傾向にあります。両親が良く対立していた人も多いのではないでしょうか。家で何かの活動をしたり、仕事をするとか、不動産に関わるのも向いています。 |
| **5 HOUSE** | 遊び、趣味、恋愛、子どもなどのハウスなので、ここに火星があると、恋愛に没頭したり、スリリングな遊びや競技、賭け事を好む傾向があります。火星の年齢域には子育てに没頭する可能性もありますし、子ども相手の仕事をする場合も。目新しい、面白いことをみつけるのが得意だったり、自分がワクワクすることに夢中になりやすい性質があります。 |
| **6 HOUSE** | 仕事に勤勉で意欲的です。過剰に出るとハードワークになりすぎたり、雇用関係、仕事場での争い、という出方にもなります。とても頑張るので、怠惰な人を見たり、職場環境が自分の正義と合わないと、怒りを感じるでしょう。体調面では熱を出しやすかったり、身体に炎症性の疾患を起こしやすい傾向があります。 |

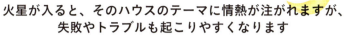

## 火星が入ると、そのハウスのテーマに情熱が注がれますが、失敗やトラブルも起こりやすくなります

**7 HOUSE**
火星がここにあると、特に女性の場合は、男性が怖い、もしくは暴力的な男性を引き寄せる傾向があります。結婚相手にそういう方を選んでいる場合には、自分自身で、火星星座的なことにエネルギーを注ぐようにすると緩和されます。結婚生活や職場の人間関係に争いが多い人もいて、人との関係性に学びが強くあります。自分が人に強い影響力を持つことを受け入れると、目の前の人に投影されることが減るでしょう。

**8 HOUSE**
親族や配偶者など、思い通りにならない他者との関係性からの学びが強い方です。性的な衝動が強い傾向がある反面、それを出すことの恐怖から、人と深くつながることを避ける人もいます。目に見えない死後の世界、オカルト的なこと、心理学などに強い興味を示したり、一般的にタブーと言われるような死や性の世界に関わる仕事をする傾向もあります。

**9 HOUSE**
社会への理想を探求するための冒険心の強い人です。宗教、精神、スピリチュアル、海外などの分野を探求し、それを説いて回ったり、積極的に関わろうとします。社会への理想を具現化するために、人々に教えたり伝えたりする意欲も高くなります。旅行が好きですが、旅行中に危険なことに巻き込まれたりもしやすいので注意が必要です。

**10 HOUSE**
社会的な達成、成功に情熱を注ぎます。管理能力に長け、仕事がとてもできますし、やると決めたことはやり遂げ、具現化力が強く、起業家や実業家、管理職などで力を発揮します。マイナスに出ると、仕事関係で争いや競争が絶えないことがあります。仕事でしっかりと達成したり、地位を獲得する、という方向にエネルギーを注ぎましょう。

**11 HOUSE**
志を同じくする仲間や将来への理想、展望などを表すハウスです。交友関係は活発ですが、友人関係では争いも起きやすい傾向があります。リーダーシップを持って、グループ活動などをしたり、人を束ねて社会的な理想を求めた行動するといいでしょう。社会への反骨心を持っていて、自由を求めますので、一般的な仕事をせず、価値観の近い仲間と何か独特の取り組みを行うのが向いています。

**12 HOUSE**
目に見えない無意識的な領域、隠れた場所を表すハウスです。表舞台には出ない形で何らかの芸術活動や取り組みを行う傾向があります。裏で何かを操ったり、人目に触れない形で活動するのが向いています。目に見えない世界のことに深入りし、理想や幻想を強く抱く傾向もあります。

## 怒りという原動力

　あなたの火星の星座やハウスの解釈を読んでみていかがだったでしょうか。
　怒りのポイントや、社会で自己発揮したいことについて一致していましたか？
　女性は特に、上記のことを男性に投影しないように注意が必要です。

　わたしは自分の火星を知ったとき、「だから社会にこんなに怒りを感じていたんだ！」とわかりました。どうして言葉がキツくなるのか、どうしてこんなにも「伝えたい」気持ちが強いのか。
　それらの怒りはわたしが社会をより良くするために必要なスキルであり、願いだったんだと思いました。マスコミの仕事を目指したり、作家としても伝えることにこだわり続けていた理由はこのためだったのかととても腑に落ちました。

　社会で何かを成し遂げるための最初の原動力は、「怒り」の中にあったりします。
　わたしの場合は、女性は小さな子どもがいると思うようにキャリアを積むのが難しいこの社会に憤りを感じたし、経済優先で環境を壊したり、健康に害のあるものが使われたりすることなどに怒っていました。社会が搾取だらけであることにも、戦争などの争いが絶

えないことにも……。また、それらを知ろうともしない人にも怒りを感じていました。

　少しでも社会をよくするために役に立つことを考えたときに、自分がとる手段は「伝えること」だと思いました。不思議と、「わたしは伝える人になろう」と思って、マスコミ関係を目指していました。

　その理由はよくわからなかったのですが、ホロスコープを読んで、火星が「言葉・情報」などを表す3ハウスにあるからだ！　とわかったときは本当にしっくりきました。

　このように星を通して自分のことを自覚すると、宇宙から背中を押してもらえるように思えませんか。わたしはそうでした。だから、どんどん発信をしたし、「太陽も火星も山羊座だから、社会で成功できる！」と信じてチャレンジすることができました。

**　たとえその原動力が何かしらの「怒り」であったとしても、それを個人に向けずに、前向きな自己実現に使えばいいのです。**
　わたしは今でも社会に憤りを覚えることはありますが、「あ、わたしの中の火星の力が働いているな」と思って終わりです。**怒りは感じても良くて、でもそれを誰かへの攻撃に向けずに、自己実現のための原動力にすればいいのです。**

　火は使い方によっては危険だし、社会の役に立てることもできます。同様にわたしたちの心の火である火星の力も、使い方が大切なのです。

## QUESTION
# 未来をつくる質問

最後に、あなたの「未来」についての質問です。
心に浮かんだことを思いつくまま書き込みましょう。

**Q8.** 火星の星座やハウスの解釈からどのように感じましたか？

---

**Q9.** 改めて、ご自分が社会で達成したいことは何ですか？ 既に達成できている場合は達成できたことを書いてみてください。

---

**Q10.** （火星の年齢域の人や火星の年齢域が近い人）45歳までに成し遂げたいことのために、どんなことが出来そうか、具体的に書き出してみましょう。

## 失敗してもいいから、
## 火星のテーマにチャレンジしよう

　火星の年齢域である36歳〜45歳は、社会で最も自己発揮しやすい代わりに、失敗することも多い年齢です。
　火星は地球よりも大きな宇宙に向かうための最初の関門です。
　新しいことにチャレンジし、失敗から学ぶこと。
　このときにしかできない大きな学びであり、自分の人としての器を大きくするためには、なくてはならない体験となります。

　恐れを超えて、火星のテーマのことを試してみましょう。
　これまでいた安全圏では見ることのなかった、新しいあなたに出会えるでしょう。

---

### Point

☆ 火星は「どう使うか」がとても重要。使い方しだいで自分を成長させられるすごい力を持っているから、上手に使えるよう意識してみて

☆ 太陽以上に、女性がパートナーに投影しやすいから要注意。うまく使えば、自立しあいながらパートナーシップを営めるようになりますよ

## CHAPTER 6

# 木星
### JUPITER

### お金と豊かさを広げる7の質問

## この章のねらい

木星のキーワードは、受容、信頼、豊かさ、成功。
木星のある場所は、その人が得意だったり恵まれたり、
お金になることを表します。
実は得意なこと、恵まれていることって、
それが当たり前に思えてしまい、自覚できないものです。
だから、あなたの木星の星座やハウスを知って、
あなたが何に恵まれていて、何が得意で、
どんなことをするとお金につながるのかを知りましょう。
社会でより拡大したり、成功したり……あなたが
豊かになる鍵は、木星にあるのです。

## 豊かさと拡大の星、木星

　木星の年齢域は46歳〜55歳とされています。火星の年齢域を過ぎて、いろんなことにチャレンジし、失敗も繰り返したのち、木星の年齢域になると、いろんなことを「受容」できるようになっていきます。

　そして、数々の失敗や大変な思いも超えた後だからこそ、自分や世界への「信頼」を育むことができます。

　よく、「あの人も年を取って丸くなった」などと言われますが、占星術的には「木星のエネルギーが浸透した」とか、「木星の年齢域に切り替わった」のだな、と解釈できます。

　また、「豊かさ」や「拡大」というのも木星のキーワードですが、この頃は経済的にもゆとりのある人が増えますし、体格的にもふくよかになる人が増えます。

　木星からは、年齢域に関係なく若いうちから「人よりも恵まれているところ」「お金につながること」などがわかります。

　また、木星は12年で太陽系を1周するので、ひとつの星座に1年ほど滞在しています。星座の特徴は学年のカラーみたいな感じで、同じ木星星座の年に生まれた人たちに共通するものでもあります。

　木星の場合は、ハウスの特徴がよりその人個人に当てはまります。

　さぁ、あなたの木星の特徴を知りましょう。

## まずはあなたの「木星」について知りましょう

あなたのホロスコープから、
木星の星座とハウスを確認しましょう。
33ページの12星座のキーワード、
40、41ページの12ハウスのキーワードを、
下線部分に書き出してみましょう。

わたしの木星は＿＿＿＿＿＿＿＿＿＿座で

＿＿＿＿＿＿ハウスです。

わたしは＿＿＿＿＿＿＿＿＿＿＿

などが人よりも恵まれている傾向にあります。
　　　　　（12星座のキーワードを入れましょう）

また、わたしのハウスのテーマである、

＿＿＿＿＿＿＿＿＿＿＿＿＿＿＿＿＿＿

の領域において、豊かさと拡大の力を受け取ります。
　　　　　（12ハウスのキーワードを入れましょう）

## QUESTION
# 過去と現在を振り返る質問

まずは、あなたの「過去」と「今」を振り返って
心に浮かんだことを思いつくまま書き込みましょう。
断片的でもかまいません。

**Q1.** 子どもの頃から得意なことは何ですか？

---

**Q2.** あなたが他の人よりも恵まれていると感じることは何ですか？

---

**Q3.** あなたは経済的な豊かさをどのように得ることができていると感じますか？

# 木星は知らなきゃ損!

　木星の解釈を読んでみて、何も腑に落ちない、しっくりこないという人はあまりいないのではないかと思います。もししっくりこないなら、単に試していないのかもしれません。

　わたしも、人に教えるのが得意というのが示されていて、今でこそセミナーなどで人に教えていますが、それ以前は家庭教師や塾の講師をしていても、特別優秀というわけではありませんでした。

　やはり星を通して意識して、自分にスイッチを入れないともったいない。特に木星は、知っているとすごくお得だなと思っています。なんせお金に繋がりますから！

　知って、その通りにやってみたら本当に得意だった！ 収入を得られた！

　わたしの実体験からも強くそう思います。

　わたしの生徒に、山羊座に星が5つくらいあるバリバリのキャリアウーマン、でも木星が真向いの蟹座にあって、家庭的なことも好き、という人がいました。
「蟹座の木星を生かせていないので、少し家庭的な面を意識してみます」なんて講座で言っていましたが、彼女はなんと、その後経済力のある方と結婚して、憧れの海外駐在妻になり、現在ヨーロッパに住んでいます。とても幸せそうです。

　あなたが木星を通して得意なこと、恵まれていることを知ることは、人生の豊かさの循環に欠かせません。

## 木星星座別の解釈

### ♈ 牡羊座

とても明るい人が多く、目的に向かって一直線です。他の人がやらないようなアイデアを思いつき、社会に新しい種をまき、何かをスタートさせ、臆することなくそれを行動に移していきます。直観力もさえていて、自分の気持ちに忠実です。この人たちの周りはいつも楽しそうですが、始めたことをきちんと着地させるのは苦手かもしれません。

### ♉ 牡牛座

経済的、物質的に恵まれている人、才能に恵まれている人の多い世代です。どんなものを通して物質的な豊かさを得られるのかはハウスの違いでわかります。美食家だったり、物の価値が分かったり、五感に恵まれていますので、この方がいいと思ったものはいい、と信頼することができるでしょう。特に木星の年齢域（46歳〜）になると、経済的な豊かさが享受できます。地域の伝統を受け継いだり、地元で有力者になる場合も。

### ♊ 双子座

知性、言語、学習、コミュニケーションといった領域が恵まれますので、非常に好奇心旺盛で、いろんなことを楽しく学びます。先生にも向いているでしょう。おしゃべりが好きだったり、地域のカルチャースクールに通ったりするかもしれません。日帰り程度で興味のあるものをあちこち出かけて探求します。学んだり好奇心を満たしたり、友達が多かったりなど、いつも楽しそうです。

## ♋ 蟹座

木星は蟹座にあると、懐の大きな優しいお母さんという雰囲気を醸し出します。信頼されやすい雰囲気で、共感力も高く、なんでも受け入れてくれそうな雰囲気をたたえた人になります。人に相談されやすく、家のことをするのが好きで、面倒見も良く温かさがあります。大切なものを家族、職場、地域社会…と拡大させていくことができますが、どういった場で特に受け入れられそうかはハウス毎に変わります。

## ♌ 獅子座

いつまでも若々しく、趣味に遊びにと楽しめる人です。情熱を注げるものをみつけると、それを極めるまで続けることができます。自己表現や自分にしかできない独特の面白いことをすることで、純粋な子どものような喜びを味わおうとします。人前に立つのが好きなので、司会の仕事や舞台に立つなども向いているでしょう。何か人前に出るようなこと、人気商売などもいいでしょう。

## ♍ 乙女座

健康な身体や職場環境に恵まれる人が多いです。専門性を極めたり、人をサポートするようなテーマを通して豊かさを得ることができます。分析力を必要とする仕事や勤務的な仕事を人よりも苦もなくさらりとこなし、職人的な細かい作業も得意でしょう。人の助けになることが自分自身の喜びであり、自分の豊かさにつながるということを知っておくといいのではないでしょうか。

## ♎ 天秤座

人間関係や容姿に恵まれます。人への影響力、人気運もあり、周囲の空気を読みながら場づくりをするのも得意でしょう。どんな時にも他者、仕事やプライベートのパートナーが引き立ててくれ、助けてくれます。豊かさは不特定多数の他者がもたらしてくれますので、サービス業などに適性があります。寛容で、誰とでもうまく交わることができるでしょう。バランス感覚があり、美意識やセンスが良くて社交的な人が多い世代です。

## ♏ 蠍座

人の深い部分に興味があり、そういったテーマで学びを深め、何事もタブー視せずに受け入れることができます。洞察力があり、「この人！」と思った人とは関係を持ち続け、大切にします。社会の闇と思われるようなところにも光を当て、人々の弱さや醜さも含めて寛容であろうとします。人の心や霊的なものへの関心があり、そういった世界に触れ、学ぶことを好みます。カウンセラーにも向いています。他者のものやお金などを「受け取る」こと、信頼できる人との関係性を通して、豊かさを得ることができます。

## ♐ 射手座

木星にとって最もエネルギーが強まる星座です。陽気で楽観的で、いろんなものにチャレンジしようという性質が強まります。世界にまで意識を広げ、出歩き、学びますので、バックパッカーや海外留学などを流行らせた世代かもしれません。精神性や哲学といった分野にも興味を持ち、成長したい意欲が強く、知性に恵まれる人も多くいます。視野が広く、冒険するように生きていたいと考える人です。大学などの高等教育に関わるなど、何らかの形で指導者的な立場になることも多いでしょう。

##  山羊座

社会の枠やルールの中で最大限に成功し、自己発揮ができる人です。良識から離れることなく、世間に受け入れられやすい形で有力者になるなどして成功することができます。どんな分野での成功かはハウスによって違います。人を教育し、管理することも得意で、大らかに対応しながらも実利的でしょう。会社や地域社会などで人望を集めやすく、より良い組織や社会の在り方を考え行動する正義感があります。

##  水瓶座

仲間や友達に恵まれます。顔が広く、インターネットなども駆使して人と繋がるのが得意です。海外の人とも臆せず接することができます。人と違った面白いことがしたい、という気持ちがあり、どんな領域で先進的なことができるかは木星のハウスでわかるでしょう。左脳的な技術力が高く、斬新なアイデアで社会をより良くすることのできる人です。自由に世界を股にかけて仕事をしようとするでしょう。

##  魚座

目に見えない世界とのパイプが太く、インスピレーションを形にする芸術センスがあり、芸術家、ヒーラー、占い師などの適性があります。どんな人でも受け入れようとし、他者の悲しみや傷み、怒りなどの感情に同調してしまいやすい性質があります。アルコールや薬物もまた、魚座が象徴するため、そういったものに依存しやすい性質もあります。社会の常識や秩序に同調するのが難しい面があり、生きにくい人も多い世代です。

## 木星のハウス別解釈

**1 HOUSE**
寛容で他者に信頼される雰囲気を持っています。相談事を持ち込まれやすかったり、話しやすい雰囲気があるので、人を指導したり、相談員になったりというのが向いているでしょう。何かと始めたことがうまく行くような、幸福な人生を歩みやすいですが、自分を過信してしまう面もあります。それでも楽観的なので、失敗でくよくよすることはないでしょう。身長が大きいか、肥満体質になりやすい特徴もあります。

**2 HOUSE**
お金や物質的な価値に関わるハウスなので、ここに木星があるとお金に困らず、比較的恵まれている人が多くなります。不動産のような資産を所有している家庭に生まれている場合もあります。所得能力が高く、自分でビジネスや起業をしてもうまく行くでしょう。

**3 HOUSE**
知識欲が旺盛で、教育者に向いています。知識人として各方面で活躍する場合も。どのような形にしても、ご自身が学んできたことを生かすと金銭的な幸運に恵まれるでしょう。情報を集めたり、人に会ったり、頻繁に出かけるようにすると幸運がやってくることが多くなります。

**4 HOUSE**
家庭などの基盤となる居場所のハウスなので、ご両親が寛大で愛情いっぱいに育てられた人が多い配置です。大家族で育っていたり、家に人の出入りが多い傾向があります。家柄が良い場合もあり、良いしつけや教育を受けている人も多くなります。晩年には裕福になり安泰に暮らせます。

**5 HOUSE**
子ども遊び、恋愛などのハウスなので、いい恋愛をし、子どもにも恵まれる人の多い配置です。のびのびとした心で、自分の楽しいことをし、子どもが好きで、子どもに関わる仕事をする人も多いでしょう。自分の好きなことで社会的にも充実した活躍ができるでしょう。

**6 HOUSE**
自然治癒力、健康に恵まれる人です。健康や栄養のこと、特に自然にあるものを使った治療法に詳しくなる傾向があります。医療福祉関係や身体の治癒に関わる仕事は適任です。そういった方面で人をサポートすることが豊かさの鍵となります。仕事は忙しくなりやすいですが、楽しく充実した職場環境を得やすいでしょう。

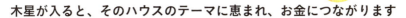

## 木星が入ると、そのハウスのテーマに恵まれ、お金につながります

**7 HOUSE**
結婚や対人関係で恵まれやすい人です。結婚相手がお金持ちや有力者だったり、人から声をかけられたり誘われたりしたことが思わぬ経済的な利益に繋がりやすくなります。豊かさを他者がもたらしてくれるような方です。

**8 HOUSE**
深い関係性の人から経済的な利益がもたらされやすくなります。遺産や生命保険、投資などからの利益が得やすい人です。継承されたものを受け取ることを意識してみましょう。性的領域にも関わるハウスなので、性的な満足感も得やすくなります。

**9 HOUSE**
学識があり、精神性や哲学、宗教関係の高貴な意識を持ち合わせています。指導者としても慕われるでしょう。海外や旅行にも関わるハウスなので、海外や外国の方からもたらされるものが幸運に繋がります。旅行に行くと、何かと利益がもたらされるでしょう。

**10 HOUSE**
仕事を通して社会的に信用され、繁栄する配置です。高い地位に恵まれ名声を得たり、政治家、高級官僚、経営者にも向いています。社会的な地位のある人と何かをしたり、引き立ててもらうのもいいでしょう。

**11 HOUSE**
友達に恵まれたり、知人や仲間からの援助を得られる人の配置です。同じ未来を描き、一緒に何かをしていく人がたくさん現れたり、SNSなどのネットワークを通じて知り合いが増えたり、逆にあなたが多くの人に影響を与えたりするでしょう。経済的な利益や豊かさも、こういった関係性からもたらされます。

**12 HOUSE**
何か癒し系の雰囲気を持っていて、宇宙や潜在意識といったものと繋がることで豊かさを得ます。芸術、癒し、スピリチュアルといったテーマに精通し、博愛主義的で愛に満ち、人を魅了する何かを持っています。目に見えない存在たちからも愛されるタイプなので、そういった領域と繋がりながら、毎日を心穏やかに過ごすといいでしょう。

QUESTION
# 未来をつくる質問

最後に、あなたの「未来」についての質問です。
心に浮かんだことを思いつくまま書き込みましょう。

Q4. あなたの木星の星座やハウスについての解釈を読んで、どんなことに気が付きましたか？

Q5. 今やっていること、これからやりたいことをうまくいかせるために、どんな風に木星の力が使えそうですか？

Q6. その他、あなたの得意なこと、恵まれていることを活かすために、どんなことを心がけると良さそうですか？

7. 今後、何を信頼し、何を意識して受け取ることをすれば、より豊かになれると感じますか？

---

### Point

☆ 木星は知っているとすごくお得な星。ぜひ、積極的に活かす方法を考えてみで

☆ あなたの得意なこと、恵まれていること、そしてお金につながること……木星を通して、豊かになるポイントがどこにあるのか、しっかり確認しましょう！

CHAPTER
7

# 土星
SATURN

精神的な成長を促す
**8** の質問

## この章のねらい

土星のキーワードは努力、責任、成長。
制限、制約、人生の課題などを表します。
誰にでも「いつもこのテーマで課題がやってくるなぁ」と
感じる何かがあったりします。
そしてそれは、不思議と逃れられず、
やがては克服しなければならないものです。
土星はそんな課題をわたしたちにもたらすことで、
わたしたちの精神的な成熟を促してくれるのです。

# 制限のある世界で生きるということ

　土星の入っている星座やテーマに、私たちは苦手意識を感じます。それを長い間かけて克服することで、精神的に成熟します。

　土星の神はクロノスといって、「時間」を司ります。一方で、同じクロノスという名前で、「大地」の神がいます。どちらも土星の神とされていますが、それぞれの神は別の存在だとか。

　大地の神クロノスはティターンという巨人族で、山よりも大きかったそうです。ティターン族は天王星の神ウラヌスとも同じです。土星は、その内側の星々と、その外側の星々を繋ぐ役割を持っています。

　土星の外側と内側の世界は明確に分かれます。

　クロノスが象徴する「時間」と「空間（大地）」の法則が支配するのは土星の内側の世界。その外側の世界には時間と空間の法則がないのだそうです。

　つまり、土星の内側だけが三次元の物質性のある世界です。

　三次元の世界は制限だらけです。何かをするにも時間がかかり、どこかの空間に存在することを選べば別の空間にはいられない。そもそも、わたしという存在そのものも制限だらけですね。顔も、生まれた場所も、親も、何も選べず、制限の中で生まれています。

　制限がない世界とは、時間も空間もない世界とはどんな世界でしょうか。　　　　　　　　　　　　　（148ページへ続く）

## まずはあなたの
## 「土星」について知りましょう

あなたのホロスコープから、
土星の星座とハウスを確認しましょう。
33ページの12星座のキーワード、
40、41ページの12ハウスのキーワードを、
下線部分に書き出してみましょう。

わたしの土星は＿＿＿＿＿＿＿＿＿＿座で

＿＿＿＿＿＿ハウスです。

わたしは＿＿＿＿＿＿＿＿＿＿

を克服し、最終的に達成します。
（12星座のキーワードを入れましょう）

また、わたしのハウスのテーマである、

＿＿＿＿＿＿＿＿＿＿＿＿＿＿＿＿＿＿

の領域において、苦手意識を克服していき、
そのテーマを安定的にできるようになります。
（12ハウスのキーワードを入れましょう）

## 土星は人生の最終目的地

　例えば、思いついたことが何でも叶ってしまったり、いつでもどの時代にでも行けるとしたらどうでしょうか。わたしたちは、肉体を持たない「意識」の世界ではそれができます。思ったらどこにでも行けるし、過去も未来もありません。

　でも、そんな風に何の物質性も持たない意識だけの世界は飽きるのです。時間をかけて、自分にしかできないものを作り出す。その間、いろんな感情を味わいつくす。これは極上の喜びです。

　例えば、何かをしようとしたとき、何かを生み出そうと考えたときに、何も制限がないとしたらどうでしょうか。

　この本だって、どういうテーマで、何を目的に、どんなデザインで、どれくらいの分量で作るかを考えなければ生み出されることはありません。

　**創造には制限が必要なのです。ルールも必要です。**

　**土星は、そういった、制限やルールを支配します。**

　制限というのは、ネガティブにも取ることもできますが、制限があるから創造ができるのだと考えると、とても大きな意味があることに気づかされます。

　土星は人生の目的地です。土星のテーマを克服し、達成できたなら、死ぬときに「いい人生だったなぁ」と思える。それぐらいの重

要性があります。この人生で本当に生み出したかったものを手に入れるには、土星のゴールを目指さねばなりません。

　あなたの悩みや苦しく感じていたことの意味も、今日、この土星のワークを通して知ることができるかもしれません。
　今は、「いつか誰よりも安定的に扱えるようになる」とは感じられないようなことが書かれているかもしれません。
　でも、いつか必ず克服できるのです。それを信じてみてください。

## QUESTION
# 過去と現在を振り返る質問

まずは、あなたの「過去」と「現在」を振り返って
心に浮かんだことを思いつくまま書き込みましょう。

**Q1.** 子どもの頃から、苦手なこと、人生の課題だと感じられることはありますか？

**Q2.** 目上の人とはうまく付き合えますか？

**Q3.** 社会のルールや慣習などには抵抗があるほうですか？　ないほうですか？

Q4. これさえできるようになれば人生が良くなるのに、と感じているようなテーマはありますか。

Q5. 死ぬまでに克服したいこと、達成したいことはありますか？

## 土星の課題を克服できているかを
## チェックする

　わたしの場合は、木星も土星も天秤座で、確かに人が豊かさをもたらしてくれると同時に、課題も与えてくれているなぁと感じていました。
　人とのバランス関係、調和はずっと課題だったなと。

　土星の課題がわかったら、そのテーマに関して、今、現実世界でどうなのかを考えてみてください。

　わたしだったら、今本当に人間関係で苦労をしているのか、課題に感じているのか。そうして見つめたときに、
「あ、今はわたしを肯定してくれる人ばかりが周囲にいるな」
「時々は人とのトラブルなどがあるにしても、たくさんのお客様や生徒に恵まれているし、すごくよくなったな」
　……などと思えます。

　こんな風に、現実社会でどれだけ克服できているか、変化を感じられているかが大切です。外の世界を観察し、現象を観察すること。外の世界の結果を見れば、そこに内面の状況がはっきりと現れているのがわかるでしょう。
　このように定期的にチェックをして、「まだあそこに課題が残っているな」などと考えるようにし、着実に取り組んで行ってみましょう。

逃げても定期的にやってくるのが土星の課題なので、来たときには、「また来た！」と思って、都度逃げずに向き合い続ければ、克服できるスピードがどんどん速まるでしょう。
　では、そんなことを意識しながら土星の星座やハウスのテーマ見ていきましょう。

# 土星星座別の解釈

## ♈ 牡羊座

自分に自信がなく、意見や考えを人に伝えたりすること、自分の発案で何かを率先してスタートさせることを苦手とする人が多い世代です。年齢を経るごとに、自分を知り、自分らしいあり方を模索しながら自己表現することができるようになっていくでしょう。身体が脆弱で、運動が苦手な人も多いかもしれません。最終的には、安定して独自の取り組みを社会に対して打ち出せるようになります。

## ♉ 牡牛座

自分の中の才能や価値観をいかに社会に提供し、お金に替えていくかに課題があります。自分自身の存在価値、自分の能力や感覚を認めることからスタートさせてみましょう。人から報酬を得ることにも遠慮がちになりやすく、清貧であろうとする傾向がありますが、コツコツと稼ぎながら、安定的に貯金していくことが好きです。伝統ある古きよきもの、恒久的に続く価値あるものに関心を持つといいかもしれません。

## ♊ 双子座

人とのコミュニケーションや学習に課題を持つ人が多いでしょう。子ども時代に親や目上の人が厳しかった人も。これを言ってきちんと通じるのだろうか、ということを気にしやすく、言葉を人一倍推敲します。そうして安定した言語能力や思考力を育み、丁寧に分かりやすく人に何かを伝えるのを得意として生きます。年齢を経るごとに時間をかけて何かをじっくり学ぶことが好きになる傾向があります。

## 蟹座

なにかを育て育むこと、人に共感し関係性を育むことを苦手とします。愛情をかけて面倒を見ることが苦手で、どこかの場所にいても心からは共感できず楽しめない人も多く、独身で気ままに生きようとする人が多い世代です。家や家系で担うものがある人も多く、家を継ぐとか、自由を制限される場合もあります。異性の親からの影響が強い傾向があります。安心できる居場所を、時間をかけて構築していきます。

## 獅子座

自己表現に課題があります。心の奥深くではクリエイティブに自己表現をしたいという欲求がありますが、それを実際に行うことに制限があります。表舞台に立つなど、人前に出るのを苦手とするでしょう。趣味が少なく、子どもが苦手な人も多いでしょう。古典的なもの、型の決まったものを扱うのは得意かもしれません。仕事を通して自己表現ができるようになると有意義です。

## 乙女座

まじめで実務的な方です。毎日の習慣をきちんと繰り返し、同じ時間に同じ場所に行き、同じことを繰り返すことが苦ではありません。会社のため、何かのために働くことを好み、熟練した技術力と分析力、事務処理能力などを持ちます。半面、完璧主義で神経質なところがあり、おおらかさに欠け、神経症を患いやすい傾向があります。なるべく定期的に身体のメンテナンスを受け、心を落ち着かせたり癒したりする習慣を持つといいでしょう。

## ♎ 天秤座

天秤座の表す、人間関係、バランス、美と調和といったテーマに課題を持ちやすい傾向があります。人間関係で揉まれたり、人の眼を気にしすぎたり、自分の容姿などにコンプレックスを感じたりしながらも、次第に、他者からは信頼できる人物に見られるようになっていきます。そうして、誰に対してもバランスよく接することができるようになり、社会で活躍できる人も多いのが特徴です。

## ♏ 蠍座

他者に心を開き信頼すること、心身共に誰かと深く交わることに苦手意識があります。人からうまく受け取れず、適切に頼ることができないのも特徴です。目に見えない世界や性的なこと、死などを過剰にタブー視し、人や世界の深い領域までを深く理解しようと考えません。ドライな感覚の人ですが、やはりどこかに寂しさがあるでしょう。誰かとの出会いや出来事をきっかけに、自分の心と深く向き合うことになるでしょう。

## ♐ 射手座

射手座が象徴するスポーツやアウトドアには興味が無い人、不得意な人が多い印象ですが、精神性や哲学といった領域と土星は比較的相性がいいように思います。土星があらわす古い伝統あるものを通して、古典的な哲学や思想を学ぶといいでしょう。実際に身体を動かして世界とかかわらなくても、頭の中で専門書を読みふけりながら宇宙の真理を探究し、実生活に生かすことができます。教育者や研究者、宗教家にも向いています。

##  山羊座

社会の規範、常識、ルールに従う気持ちが強く、両親や目上から厳しく育てられた可能性もあります。どのような分野で成功し、社会性を発揮するかはハウスでわかります。良識的すぎて面白みが無かったり、過剰に失敗を恐れたり、個としての喜びや楽しみを押さえつける傾向があります。他の天体の良さを発揮しつつ、社会から逸脱しないような形で自分らしく生きる方法を模索するといいでしょう。

##  水瓶座

若いうちは、他の人と違うことをすることに怖れや抵抗があるかもしれませんが、最終的には他者と違う、オリジナルの在り方を手に入れます。これまでの社会の規範やルールから離れ、より普遍的で新しい時代に見合ったものを持ち込む役割がある世代です。大きな破壊を伴わない形で新しいものを社会的に浸透させます。仕事をしていても、少し先のテーマや方向性を具体的に考え、着実に実現できる人です。

##  魚座

目に見える世界と見えない世界を橋渡しするような役割があります。見えない世界との関わりを模索する中で、地に足の着いた形で現実世界に落とし込むことをしていきます。芸術、癒し、スピリチュアル、占い…といった目に見えない領域のテーマを社会にまで浸透させる世代です。気持ちが鬱屈としやすい面がありますので、心や精神性のことを学んだり、瞑想などをするのもおすすめです。

## 土星のハウス別解釈

**1 HOUSE**
幼児期に制限され、厳しくされた影響などで、自分に自信がなく、自分の行動を制限してしまうことが多いでしょう。見た目は責任感が強くて社会的に信頼できる印象を持たれやすく、仕事などは責任をもって果たす人です。自分への寛容さが少なすぎて生きにくい面があるため、自己価値観、自己信頼といったものを手に入れるのがこの人のテーマとなるでしょう。

**2 HOUSE**
豊かさ、所得を得ることに制限をかける傾向があるために、商売にはあまり向かない傾向があります。ただし、コツコツと努力して貯金することはでき、散財とは無縁の方なので、晩年期には一財を築いている場合も多くなります。所有欲が少なく、禁欲的に暮らせる方です。

**3 HOUSE**
初等教育の頃に勉強があまりできなかったとか、兄弟姉妹との関係性から何らかの劣等感を持ちやすい傾向があります。学ぶことや人と会話をすることに自信がなく、制限がありますが、年齢を経るごとに、じっくりと伝える、推敲しながら書く、などといった訓練をしつつ、克服していきます。コツコツと学んで国家資格などにチャレンジすることは向いています。

**4 HOUSE**
厳格な家、伝統と責任ある家で育っている傾向があります。もしくは両親がとても厳しく束縛を強く感じていた人もいるかもしれません。その影響を良くも悪くも強く受けますので、良識がある半面、心の深いところに安心感を持たずに育つ人が多く、愛情の枯渇感を持っているかもしれません。自分が持つ家庭を新たにどう構築していくか、人生の後半でいかに克服するかが重要でしょう。

**5 HOUSE**
趣味、遊び、恋愛、子どものハウスなので、歴史的な伝統あるものを趣味にしたり、出かける先も歴史ある場所を好むでしょう。恋愛では奥手になる傾向があり、余り自分をさらけ出せません。ただ、一度いい出会いがあると誠実な交際を続けるでしょう。子どもは、晩年になってから得るとか、余り数は多くない傾向があります。どう子どもに愛情を注いでいいかわからないような感情を持つことも多く、少しずつ向き合いながら克服していくでしょう。

**6 HOUSE**
勤勉で効率や正確性を求められる仕事に適性があります。補佐役や職場の管理者としても有能でしょう。同じことを繰り返しながら、習熟させていくことを苦に感じず、むしろ淡々と繰り返しながら極めて行ったり達成していくことが喜びかもしれません。求められることにも適切に応じることができます。健康のハウスなので、皮膚や骨に関わる病気、冷えにも注意が必要です。

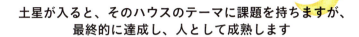

## 土星が入ると、そのハウスのテーマに課題を持ちますが、最終的に達成し、人として成熟します

**7 HOUSE**
ここに土星があると人からの影響を強く受けやすくなります。うまく行けば、誠実に人との関係性を育むことができ、立場が上の人に引き立ててもらえるなどといった面はありますが、マイナスに出ると、人の目を気にしすぎてしまったりして自分をうまく発揮できません。配偶者の言いなりになってしまいやすく、またう、という人も多くいます。晩婚になりやすく、土星はお年寄りも表すため、配偶者がかなり年上という可能性もあります。

**8 HOUSE**
他者と深く心を交わらせることに苦手意識が強く、心身共に自分をさらけ出せない人が多くなります。親戚関係、特に遺産相続やお金関係のトラブルを経験しやすく、他者の死をきっかけに面倒なことに巻き込まれやすい人です。いかに心を開いて、人と深く関わっていくかが課題です。

**9 HOUSE**
ここに土星があると、年を取った哲学者のような印象があります。何かをじっくりと深く学び続け、思索をめぐらすことが好きでしょう。この世界や宇宙への真理探究を真面目に継続し、古い時代の哲学や宇宙論に触れることで、年齢を経るごとに人に教え伝えることをし、地位を得る可能性もあります。旅行ではトラブルを起こしやすい傾向もあります。

**10 HOUSE**
社会的な自己発揮のハウスで、土星の本来の場所です。時間をかけてコツコツと社会的に何かを成し遂げることをするでしょう。忍耐力があり勤勉です。一度得た社会的な立場を誠実に全うし続け、成功や富の獲得も可能な方です。

**11 HOUSE**
新しい未来やより良い可能性に向けて、時間をかけて着実に努力し、仲間を作ることができる人です。友達は多くは無いですが、誠実な関係が築けますし、信頼できる人間関係を重視するでしょう。目上の友人知人が多い傾向にあります。

**12 HOUSE**
鬱屈としやすく、人の気持ちの裏を信頼できない傾向があります。うまく自分をカモフラージュしながら、深いところでさらけ出せなかったり、受け入れられなかったりしそうです。目に見えない潜在意識や芸術に触れ、少しずつそういった世界を受け入れつつ、自分自身と向き合うことを繰り返すことが重要そうです。

## QUESTION
# 未来をつくる質問

最後に、あなたの「未来」についての質問です。
心に浮かんだことを思いつくまま書き込みましょう。

**Q6.** 土星の星座やハウスの課題を読んで感じたことを書いてみてください。

**Q7.** あなたの人生の課題を克服するために、少しずつでも、今具体的にどんなことが出来そうですか？

**Q8.** 月から土星までをワークしてきて、特に取り組まないといけないんだな、と感じたことはありますか？ それはどんなことですか？

## あなただけの人生を生きよう

　わたしたちはいつからか、「あきらめる」ということが当たり前になってしまいます。
　両親や社会から「それはダメだよ」「そんなことを願ってもできないよ」などと言われ、何かを得るためには何かをあきらめることが当然のようになっていきます。
　気が付くと、親や学校、社会から認められる「いい子」をやるようになります。

　そうして一度失った「あなた」という個性を思い出して取り戻し、活かしていく。あなたではない別の誰かになろうとしない。
　それが本当の幸福への道だと、わたしは思っています。

「あなたの価値観」であなたの人生を生きましょう。

---

### Point

☆ 土星は人生の最終目的地。土星の課題を克服できれば、あなたの人生は加速度的によくなります

☆ 今は苦手でも、いつか必ず克服できる。そう信じて逃げずに向き合ってみて！

## EPILOGUE

### おわりに

　ここまでのワーク、お疲れさまでした！
月から土星までの7つの星に、あなたの人生のいろんな情報が詰まっていて、驚いた方も多いのではないでしょうか。
　わたしたちは、日々生活する中でどうしても、目の前のことで悩んだり模索しますが、この星使いノートのワークを行うと、すごく視野が広がるのではないかと思います。
　「なぜ？」「どうすれば？」という問いを自分自身に投げかけることは、これまでの凝り固まった思考の枠から自分を解き放つ力にもなります。そして、この有限な時間、人生の中で、自分の命をどのように使うかを真剣に考えるきっかけになるのです。

　ここまでのワークで、幼少期からのあなたの人生が少しずつ紐解かれ、最終的な目的地や課題までがはっきり示されたと思います。書くことで、気持ちが整理されていき、人生に迷いが減り、目的意識を持ち、向かうべき場所が見えた人もいるのではないでしょうか。

　ホロスコープという言葉は、「時の見張り番」というギリシャ語が語源なのだそうです。わたしたちは土星が支配する時間と空間の法則の中で生きていますが、いかにこの世界が秩序だった法則の上で成り立っているか、本書を通して感じ取れた方も多いのではないでしょうか。

　わたしたちが成長する順番、テーマとすることの変化までも、天体の年齢域を通して確認することができます。ですから、本書のワー

クも、「過去」「現在」「未来」と時系列で見つめていけるように工夫しました。

　過去を受け入れ、現在を確認し、未来の最高のプランを練る。この力が手に入れば人生を変えるのに十分な智慧となります。そして、加速度的に素晴らしい人生を手に入れることができるようになるのです。

　一人でも多くの方が、本書を手に取りワークしてくださることで、そんな力を手に入れられますように。

　また、本書がとてもよかった！と思ってくださったら、ぜひ知人や友人を集めて、ワークショップなどを開催するなどして本書をご活用ください。参加者全員が本書を手にワークをして、多くの人が自分をどんどん知っていく。そんな光景が日本中に広がれば本望です。

　今、あなたが人生に何か苦しみを感じているなら、それは自分の中の大切な何かを忘れているからかもしれません。その情報やヒントは、きっとホロスコープとあなた自身の感覚の中から見つかります。そうして、自分の人生を生きる力を身につけていく方が増えることを心から願っています。

2018年冬

　　　　　　　　　　　　　　　　　　　　　　　　海部 舞

**MEMO**

## 海部 舞｜かいべ まい

占星術師。ベトナム生まれ。結婚後、2人の子どもを連れて離婚。苦労を重ねる中、成功法則、自己啓発など幸せになる方法を模索する中で現在の夫に出会い、再婚の後、西洋占星術と出会う。自分自身の全てがホロスコープという天空図に示されていたことに衝撃を受け、ここから星を使い、人生を加速度的に好転させる。さらに、星の配置から浮かび上がるイメージを言語化し伝える、類まれな能力を発揮できるようになる。現在は自然豊かな南信州で暮らしながらも、ブログが月間100万PVになるほどの人気で、セミナーは毎回満員御礼となっている。著書に『星を使って、思い通りのわたしを生きる！』『人生を豊かにする 魔法の鍵』（KADOKAWA）、『宇宙のエネルギーを味方につける 星使いの時刻表 2018-2019』（光文社）、『星を使えば、運命のパートナーに必ず出会える！』（小社）がある。

・著者オフィシャルサイト http://hoshinomai.jp/
・著者ブログ http://ameblo.jp/mai-countrylife

書けば書くほど、宇宙とつながる！ 願いが叶う！

# 星使いノート

2018年12月23日　初版第1刷発行

| 著　者 | 海部 舞 |
| 発行者 | 小川 淳 |
| 発行所 | SBクリエイティブ株式会社 |
| | 〒106-0032　東京都港区六本木2-4-5 |
| | 電話 03-5549-1201（営業部） |

| ブックデザイン | 白畠かおり |
| DTP | アーティザンカンパニー株式会社 |
| 校正 | 聚珍社 |
| 編集担当 | 木村 文 |
| 印刷・製本 | シナノパブリッシングプレス |

©Mai Kaibe 2018 Printed in Japan
ISBN978-4-7973-9982-0

落丁本、乱丁本小社営業部にてお取り替えいたします。
定価はカバーに記載されております。
本書の内容に関するご質問等は、小社学芸書籍編集部まで必ず書面にてご連絡いただきますようお願いいたします。